Tome XIV, 1902.

Revue

des

Pyrénées

Jacinto Verdaguer

PAR

Élisa GAY.

Toulouse

JACINTO VERDAGUER

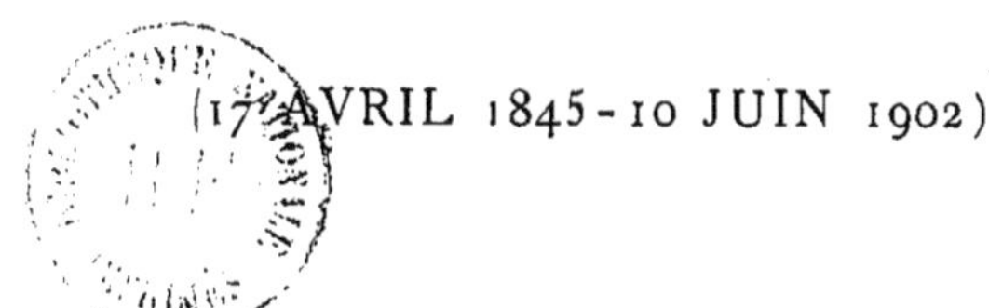

(17 AVRIL 1845-10 JUIN 1902)

PAR

ÉLISA GAY

(Extrait de la **Revue des Pyrénées**, *tome XIV, 1902.)*

TOULOUSE

IMPRIMERIE ET LIBRAIRIE ÉDOUARD PRIVAT

RUE DES TOURNEURS, 45

1902

JACINTO VERDAGUER

(17 AVRIL 1845 - 10 JUIN 1902)

I.

Disposée en amphithéâtre avec sa demi-ceinture de hauts gradins qui semblent soutenir la nue, la Catalogne s'étend jusqu'à la Méditerranée. Sur les côtes, tout est mouvement, affaires, commerce, industrie, tandis que la montagne conserve la calme vie d'autrefois, ses vieilles mœurs, ses habitudes religieuses, ses traditions & ses légendaires souvenirs. Mais les deux régions n'oublient pas la fraternité de leur race, leur commun passé & le parler des aïeux. Jamais patriotisme plus ardent, plus jaloux. Il n'est pas rare, même en dehors de la Péninsule & sur le versant devenu français, d'entendre cette fière parole : « Je suis Catalan ! » C'est que les Catalans ont conscience du rôle important qu'ils ont joué dans l'histoire de leur pays. Ils n'ignorent pas que Barcelone fut le premier siège de la monarchie visigothe & que les comtes de Barcelone[1], devenus rois d'Aragon[2], aidèrent l'Espagne chrétienne à renverser l'islamisme, à chasser à jamais les musulmans de la Péninsule, à fonder enfin la nationalité catalane & élever

---

1. Les Catalans tiennent toujours à ce titre de comté, & le roi ou la reine, passant à Barcelone, n'y portent jamais que la couronne comtale. (*Essai sur l'Atlantide*, Mgr Tolra de Bordas.)

2. La couronne d'Aragon fut portée pendant trois siècles par onze princes de la dynastie barcelonaise. Un homme de génie, Jacques Ier, fut le vrai fondateur de la nationalité catalane.

l’idiome catalan au rang de langue littéraire. « La langue,
« déclare Mgr de Bordas, est le plus cher apanage d’une nation », & la Catalogne, aux yeux des Catalans, étant restée
une nation malgré sa fusion avec la Castille, aime sa langue
en véritable part d’elle-même. Elle n’oublie pas que cette
langue a été écoutée & applaudie dans différentes cours de
l’Europe & jusqu’en Chypre, en Arménie ; qu’elle est considérée comme la souche des langues *néo-latines*, qu’on la
retrouve sans altérations notables dans le *serment de Strasbourg*,
en 843 ; qu’elle revendique l’honneur d’avoir eu des trouba-
dours comme *Guillaume de Cabestany*, des poètes comme
Jordy, André Fébrer[1], *Ausias March, Pujol, Vincent Gar-
cia, &c.*, que des savants comme *Arnauld de Villeneuve*[2], des
prédicateurs comme saint *Vincent Ferrier*, l’ont écrite ou par-
lée ; qu’à l’exemple de Toulouse qui voyait, dès 1324, éclore &
se développer le *Consistoire du gay savoir*, Barcelone, en 1390,
fondait un *Consistoire* analogue & donnait ainsi une impulsion remarquable au sentiment poétique destiné à s’épanouir
des deux côtés avec un si vif éclat. S’il y eut, après plusieurs
siècles de succès retentissants, une période d’effacement, disons
le mot, de décadence, une nouvelle période de gloire s’ouvrit
enfin pour la littérature & la langue de ce pays. En 1814, le
Dr Ballot donnait sa grammaire catalane & faisait pressentir
déjà une féconde renaissance des lettres[3]. Ce n’est donc pas
sous l’influence du réveil poétique de la Provence, ainsi que
l’a prétendu M. Meyer, que ce mouvement s’est exécuté.
Mistral lui-même le reconnaissait lorsque, en août 1877, il
écrivait à ce sujet à l’un des rédacteurs de la *Muse orientale :*
« La critique française a le tort de s’occuper trop peu de cette
renaissance, PARALLÈLE ET FRATERNELLE AVEC CELLE DES PRO-

---

1. André Fébrer osa traduire en vers catalans de onze syllabes
l’Enfer de Dante (1428).

2. Arnauld de Villeneuve, le plus grand physicien de son temps.

3. Un savant professeur de l’Université de Barcelone, M. Rubió y
Ors, publiait, en 1840, *Le Trouvère de Llobregat*, remarquable recueil
de poésies. Apparaissait aussi Carlos Aribau, rénovateur de la langue
catalane, puis Victor Balaguer, Antonio de Bofarull, Mila y Fontanals,
Frederich Soler & une foule d’autres aussi réputés.

VENÇAUX. » Il n'y a donc aucune vassalité littéraire du côté de la Catalogne. Ce mouvement s'est opéré de part & d'autre à l'insu des coopérateurs, & le Félibrige contemporain n'a eu aucune influence sur cet épanouissement.

Un poème catalan, que l'Espagne ne pouvait pas plus répudier que méconnaître, devait consacrer cette renaissance & obtenir le titre de *poème national*.

II.

Le 17 avril 1845, naissait à *Folgarolas*, dans la plaine de Vich[1], de simples cultivateurs *plus riches d'honorabilité que de biens matériels*[2], le futur auteur de la merveilleuse épopée qui devait faire si grand bruit dans le monde des lettres. Nous avons nommé Jacinto Verdaguer. Il est probable que des liens de parenté l'unissait au R. P. Jacinto Verdaguer, jésuite, né en 1735, qui cultiva avec succès la littérature & la philosophie en Espagne, puis à Ferrare. Plus probablement encore, des liens semblables l'unissaient à Don Pedro Verdaguer, familier de Mgr Marimon, évêque de Vich, ancien curé de Sallent, non loin de Manresa, & directeur intellectuel & moral du jeune Félix Amat, qui devait honorer par sa piété & son érudition l'archevêché de Palmyre.

Quoi qu'il en soit, qu'il y ait ou non influence atavique, on ne peut nier le souffle de la terre natale & de l'intérieur modeste, sain & religieux où se passa l'enfance de Verdaguer. L'une & l'autre étaient bien faits pour élever & former son

1. Vich, Ausa, Ausone, détruite au neuvième siècle par les conquétants qui se disputaient le sol de l'Espagne, fut lentement réédifiée vers la fin de ce même siècle par Wilfred (Guifre), comte de Barcelone. Tant que dura cette reconstitution, on l'appelait *Bourg d'Ausona (Vicus Ausona)*, d'où par abréviation plus tard le nom de VICH, *Vicus*. Cette ville a vu naître de célèbres & saints personnages, tels qu'*Aulus Mévius*, général de Lucullus; Aton, qui passe pour un des maîtres de Gilbert (le pape Silvestre II); Don Geronimo Cortade, Don Sigismondo Pou y Comella; des dominicains fameux, de savants jésuites, de saints trinitaires, des médecins, des philosophes, des poètes, &c., &c.

2. *Vida artistica*. Barcelone, 14 juin 1902.

esprit, faire germer en lui la vocation ecclésiastique qu'il devait si dignement personnifier.

En attendant cette période féconde, le futur grand homme suivait les cours élémentaires du vieux maître d'école de *Folgarolas*, dont la *barretine*, dit-il dans une charmante pièce [1], était plus large d'un *bon tros* que la science. *Mais si pure était sa doctrine! Et quel beau miroir était son âme!* C'est sous ce toit de bénédiction, transformé presque en sanctuaire, que notre écolier de cinq ans apprenait à aimer Marie *dont l'image présidait, dans sa chapelle de papier, l'école enfantine.* Ce premier & frais amour d'enfant devait être l'éternel amour du poète.

Bientôt l'intelligence précoce du jeune Jacinto réclama une instruction plus solide. Il fut envoyé au séminaire de Vich, &, dès qu'il le put, il essaya de subvenir à ses propres dépenses en donnant des leçons à titre d'instituteur, comme beaucoup de ses camarades pauvres, dans une métairie, celle de *Ca'n Tona*, & en cultivant la terre pendant les vacances, afin de gagner un peu plus d'argent pour se vêtir convenablement & acheter des livres [2].

A cette époque, ni professeurs, ni condisciples ne devinaient guère ce qui fermentait dans l'âme de ce silencieux, & combien le contact immédiat de la nature favorisait la gestation d'un génie qu'ils ne soupçonnaient pas.

Le plus cher plaisir de l'étudiant-colon était de s'enfermer seul dans la bibliothèque épiscopale pour y nourrir & former son esprit en lisant & en méditant les œuvres classiques nationales & étrangères. Nous verrons, par la suite, le fruit qu'il sut retirer de ces différentes lectures.

Un petit poème religieux, son premier essai épique, fut publié, à son grand regret, dans un journal de Vich : *l'Echo de la montagne.* Voici le délicieux morceau de prose qu'il crut devoir écrire à la suite de ce poème :

« Ce chant, dont les modestes proportions se bornaient à

1. *Ayres del Montseny. A la Verge.*

2. Il achète *l'Odyssée* en courant plus vite qu'aucun concurrent, pieds nus sur le chaume d'un champ nouvellement moissonné, & gagnant ainsi les cinq piécettes, enjeu de la partie.

« être lues dans un cercle de condisciples, est l'œuvre d'un
« jeune poète qui est né & s'est formé, comme la *rose de ber-*
« *ger*, dans un coin de montagne, sans jardinier ni tuteur,
« & dans les moments perdus ou dérobés au sommeil d'un
« été, durant lequel il était attaché à la culture de la terre... »
Il offrait ce fruit précoce à la patrie ausetane, & ajoutait :
« Je ne puis vous en donner d'autre pour à présent, tant ont
« été clairsemées les fleurs que j'ai trouvées dans mes vingt
« années de voyage sur la terre, & si nombreuses les épines
« que j'ai dû fouler pour les avoir. Et si j'ai trouvé si peu
« de fleurs au printemps de ma vie, que sera-ce lorsque le
« glacial décembre changera en neige mes cheveux blonds.
« Mais, du moins, encore que Dieu ne m'ait pas donné une
« intelligence, comme il m'a donné un cœur, qu'il ne m'ait
« pas donné des ailes, comme des envies de voler, je veux
« faire en sorte qu'on ne puisse pas dire de moi, avec raison,
« que j'ai négligé de cueillir des fleurs que j'ai vues s'épanouir
« sur mon chemin ; de les cueillir plutôt que de les laisser
« rouler jaunies, avec mes dernières illusions, sur le sol ingrat
« où elles étaient nées, & se flétrir du même coup avec elles
« l'espérance qu'un jour quelques feuilles de laurier, seraient-
« elles rougies du sang de mes doigts meurtris, ombrageront
« mes tempes, avant que la guirlande de martyr ne prenne la
« place de la couronne de poète, qu'aux heures de trompeuse
« rêverie j'ai vu suspendue à la cime de l'arbre de mon
« avenir. »

Plus tard, lorsque cette guirlande transformée en couronne
d'épines a fait saigner si cruellement son front, s'est-il sou-
venu de cette parole prophétique?

III.

Ce poète, *issu du peuple*, s'était déjà révélé, en 1865, aux
jeux floraux de Barcelone, rétablis en 1859. Les pièces pré-
sentées par lui au concours y obtenaient le plus chaleureux
accueil. « Tout le monde se souvient, déclare M. Jaume
« Collell, de ce frénétique enthousiasme qui fit retentir les

« lambris de la salle historique du Conseil des Cent. » Les
sujets de ces poésies, choisis dans l'histoire héroïque de la Catalogne, étaient bien faits pour attirer & captiver l'attention.
La façon dont ils étaient traités révélaient un maître. Aussi
la surprise fut grande de voir dans le lauréat un tout jeune
homme, un simple étudiant, coiffé de la *barretine* violette,
sortir de la foule & s'avancer ahuri & tremblant devant les
quarante, au milieu d'applaudissements qui ressemblaient à
une ovation. Dans la première de ces poésies qui avait obtenu
l'Amaranthe d'or, Verdaguer chantait la *Mort d'en Rafel de
Casanova*[1] ; dans la seconde, à laquelle on avait accordé un
accessit au prix de l'Eglantine, il disait *los minyons d'en Veciana*[2] & l'une & l'autre d'un patriotisme ardent avaient un
vrai mérite, quoi qu'en ait pu penser l'exigeante modestie de
l'auteur[3].

Malgré ce prodigieux succès, bien peu se doutèrent que ce
poète presque enfant était doté d'un génie de puissante envo-
lée. Il y eut un homme pourtant, *le prophète inspiré de la
renaissance catalane*[4], don Mariano Aguilo qui découvrit de
suite en cette âme si richement douée les signes d'une prédes-
tination que certains qualifièrent d'illusoire. Il ne s'était point
trompé. Depuis, il suivit pas à pas la montée triomphale de
l'étudiant & personne ne l'a mieux compris & aimé.

En 1866, nouveaux & éclatants succès de notre poète pour
quatre poésies d'allures très diverses, couronnées par l'Académie des Jeux Floraux. Deux de ces poésies, la *Nuit de sang* &
Au héros montagnard Joseph Mansó, sont des épisodes de l'his-

---

1. Rafel de Casanova défend la Catalogne au nom de l'archiduc
Charles d'Autriche contre Philippe V & trouve la mort au terrible
siège de Barcelone (avril 1706).

2. La seconde poésie rappelle l'assaut donné, à Valls, par quarante
volontaires commandés par Veciana, à cinq cents pillards dirigés par
Carasquet. Ces pillards durent battre en retraite le 5 décembre 1719.

3. Verdaguer déclarait bien à tort à Mgr Tolra de Bordas qu'il voudrait pouvoir effacer de son sang cette poésie, le *nec plus ultra* de la
pauvreté poétique.

4. Lettre biographique de M. Jaume Collell adressée à M. Justin
Pépratx.

toire catalane. Les autres : *Soupir de l'âme*, délicieuse paraphrase de cette parole de saint Paul : « Je désire être dissous en Jésus-Christ », & *Le Rosier de la ferme d'Euras*, fraîche idylle pastorale, mettent en valeur les différents faires du jeune maître & les sources diverses où puise son inspiration.

Jacinto Verdaguer avait trouvé dans un livre ascétique de Nierembert « le récit d'un de ces grands châtiments dont Dieu se sert pour flageller la terre », c'est-à-dire « l'engloutissement du continent que naturalistes & géologues considèrent comme couché au fond de l'Atlantique ». Cette lecture, mêlée à celle des anciennes chroniques d'Espagne & de Catalogne, avait enflammé son imagination d'enfant, & il commença de bonne heure à essayer ses jeunes forces sur ce colossal sujet.

En 1867, — il avait à peine vingt-deux ans, — il soumit la première ébauche de son poème à Don Manuel Mila y Fontanals & la modifia complètement d'après les indications de ce maître. L'année suivante, il envoyait au concours des jeux floraux barcelonais un superbe chant épique : *L'Espagne naissante* où se trouvaient à l'état embryonnaire son futur chef-d'œuvre. Cette pièce, ne fut même pas mentionnée.

Malgré sa déception momentanée, Verdaguer accourut à Barcelone pour assister aux fêtes littéraires données aux divers félibriges & surtout pour connaître Mistral, l'illustre félibre provençal, qui avait déjà remarqué ses premières poésies & s'écria en le voyant : « *Tu Marcellus eris!* Ce présage ne devait pas être téméraire. Ces mots retentirent au fond de l'âme du poète & illuminèrent jusqu'au fond sa haute destinée. Ce soir-là, « la gloire, dans une forme qu'il n'avait nul-
« lement rêvée, frôlait de plus près qu'elle ne l'avait jamais
« fait, de ses ailes d'or, ce front serein, si fièrement couronné
« de la *barretine violette* [1] ».

Une période de silence devait suivre cette sorte de consécration poétique. Cette période de quelques années fut pour Jacinto Verdaguer assez semblable à une veillée des armes remplie par la méditation, le recueillement & la prière. Plus rien autour de lui ne devait vibrer que la voix de la vocation

1. Lettre biographique de M. Jaume Collell.

sacerdotale. Il lui fallait l'autel avec ses fumées d'encens & le parfum des fleurs du paradis.

Un moment même il voulut se faire moine franciscain & entrer au couvent de Riudeperas, voisin de la métairie de Ca'n Tona, afin de se joindre plus tard aux missions de l'Amérique du Sud. Les franciscains ayant été expulsés lors de la révolution de 1868, Verdaguer abandonna ce projet non sans regret & une profonde tristesse. C'est dans ce nid de paix désormais refroidi qu'il avait peut-être senti les premières initiations de la poésie mystique dont il devait être un jour le maître incontesté.

Condisciples & professeurs, qui avaient suspecté d'abord la vocation de *ce jeune homme qui faisait des vers*, durent enfin se rendre à l'évidence & comprendre que la Religion & la Poésie pouvaient s'unir dans un indissoluble embrassement.

En septembre 1870, Verdaguer fut ordonné prêtre, & le 2 octobre suivant, il dit sa première messe dans un petit ermitage voisin de Folgarolas, dédié à saint Georges, sans invités, sans représentation extérieure, avec deux bouquets & quatre cierges à l'autel, & en présence de son père, de sa mère, de quelques parents, de quatre amis. Nommé presque aussitôt vicaire de la paroisse de Vinyoles d'Oris[1], il se prodigua comme le ferait un vaillant chevalier sur le champ de bataille; il ne s'appartint plus, il appartint à tous, aux pauvres, aux petits, aux malades, à Dieu, à la tâche littéraire qu'il s'était imposée, & dont le magnifique rêve le hantait, le terrifiait, l'éblouissait, car il en redoutait les écueils & les pièges. La légende *mytho-logico-géologique* qu'il voulait chanter prenait en son esprit des proportions cyclopéennes qui le décourageaient, l'arrêtaient & le faisaient reculer devant les multiples difficultés de l'exécution. Il n'osait sonder les abîmes creusés par la colère céleste, & pourtant il était attiré vers eux comme par un aimant. Cent fois le poète effrayé essaya de reculer devant une tâche qu'il trouvait au-dessus de ses forces; cent fois le découragement arrêta ou refroidit ses inspirations. « Ce fut une terri-

1. Cette paroisse avait deux succursales.

ble lutte dans laquelle, vainqueur ou vaincu, c'était toujours moi qui recevais les blessures », dit-il dans son prologue.

Cette tension cérébrale, ce surmenage continuel, l'agitation du temps & une nourriture par trop frugale minèrent sa santé, jusque-là robuste, au point de faire déclarer cette maladie[1] incurable par la plupart des médecins.

— Un voyage sur mer pourra peut-être le sauver, déclara, après examen, une sommité médicale de Barcelone.

Verdaguer se soumit à ce qu'il sentait n'être qu'une expérience. Las de souffrir, d'être incapable de fournir le moindre travail intellectuel, & désirant ardemment connaître l'Amérique, il se décida à entreprendre la navigation de l'Atlantique. Grâce à quelques bonnes recommandations, il entra en qualité d'aumônier dans la Compagnie des bateaux à vapeur de Don Antonio Lopez[2] & s'embarqua sur le *Guipuzcoa* au commencement de 1875. Dans deux ans de navigation, il fit neuf voyages complets & revint en Catalogne régénéré, vivifié, guéri, son horizon poétique élargi *comme un ciel qui se dégage & se découvre*. Son poème « s'acheva de lui-même, « comme un de ces coquillages que la mer rejette sur le sable « après l'avoir longtemps poli & roulé ». Et de cet Océan mystérieux qu'il venait de parcourir, « il retira cette *Atlantide* toute ruisselante des flots qui la submergèrent avec ses Géants & ses Hespérides ». Il en datait la dédicace du vapeur transatlantique *la Ciutat Comtal*, le 18 novembre 1876, & l'adressait délicatement à Don Antonio Lopez, son généreux Mécène, dont il illustrait à jamais la mémoire bien mieux que ne l'aurait fait son génie commercial. Cette dédicace, la

---

1. Il était atteint d'une anémie cérébrale.

2. Don Antonio Lopez personnifie le génie commercial de l'Espagne moderne. Armateur & financier, fondateur de la Compagnie transatlantique & créateur de la marine marchande à vapeur espagnole, il fut créé marquis de Comillas & grand d'Espagne par Alphonse XII, en récompense de ses services. Il est mort à Barcelone en 1883. Depuis six ans déjà, le nouveau marquis devinant la supériorité morale de Verdaguer, la délicatesse de cette âme d'élite, l'avait nommé aumônier de sa maison. Le poète devait conserver cette aumônerie longtemps après le décès de cet homme de bien.

voici traduite de façon charmante par M. Justin Pépratx[1] :

A Son Excellence Don Antonio Lopez.

 Sur tes vaisseaux bénis et leurs ailes rapides,
 J'ai cherché l'oranger en fleur des Hespérides.
 L'onde a fait des débris, hélas! de ce trésor,
 Dont elle s'est depuis des siècles emparée;
 Je t'offre, seulement, si l'offrande t'agrée,
  Ces feuilles de l'arbre aux fruits d'or.

Deux grandes idées ont donné naissance à l'épopée catalane : d'abord un tableau préhistorique que Solon, frappé par la mort, n'a pas eu le temps de chanter & de peindre, puis le souvenir, bien historique celui-là, de l'immortelle épopée de Christophe Colomb. Dans la pensée de l'auteur, le sujet de l'*Atlantide*[2] n'a pas une affinité chronologique avec le sujet de l'entreprise du Génois, mais on y découvre facilement un *rapport de souvenir & d'influence.* Colomb, en effet, dans le poème, conçoit le projet de cette entreprise en écoutant le récit poétique & saisissant du cataclysme de l'*Atlantide* qui inspire les dix chants de l'épopée catalane. C'est lui qui, dans l'*Introduction*, nous conduit au seuil de l'action épique, & nous le retrouvons, dans l'*Epilogue*, prêt à partir pour les plages inconnues vers lesquelles le pousse ce récit. C'est ainsi que le poète a mêlé avec une grande habileté, à la narration qui constitue son poème, le *souvenir* de cette autre épopée dont Christophe Colomb est le héros.

La critique la plus sévère affirme qu'il n'y a pas d'anachronisme en poésie. Qu'importe donc que la chronologie ait été modifiée par le poète! Ce qu'il a voulu, c'est que l'engloutissement de l'*Atlantide* devînt l'idée inspiratrice d'un nouveau continent à découvrir au profit de l'Espagne violemment séparée du continent disparu. Et il a réussi à magistralement

---

1. M. Justin Pépratx est mort en 1901. Il a traduit en vers l'*Atlantide* et une foule d'autres œuvres du Maître. Ces traductions sont très remarquables et comme moulées sur l'œuvre originale.

2. L'*Atlantide* a été traduite en prose & publiée en France par l'éditeur M. Albert Savine, peu après l'étude de Mᴇʳ Tolra de Bordas.

exprimer sa pensée, à s'imposer à l'admiration par l'entassement des magnificences, par l'ampleur soutenue de ses chants, par la vision grandiose des scènes qu'il peint autant qu'il les décrit. Comme chez Milton, le grandiose fait, en effet, partie intégrante de son génie, & dès qu'il aborde l'épopée, il le prodigue. Il emprunte à Dante son énergique sobriété dans les comparaisons. Il s'inspire souvent & très heureusement d'Homère, d'Hésiode, de Callimaque, de Théocrite, d'Eschyle. Il n'abuse pas de son érudition comme Châteaubriand le reproche à Milton, & ses connaissances scientifiques, loin d'entraver la marche du poème, ne servent qu'à l'enrichir, à le féconder, à lui donner un essor sans égal. Vraiment maître dans les descriptions, on sent en lui un enfant de cette nature qu'il a respirée & aimée depuis le berceau. « Né sur les gran- « des montagnes, dit Don Juan Sardá, auteur d'une très cons- « ciencieuse étude sur l'*Atlantide*, il a plus tard élevé ses « pensées sur la vaste mer : voilà tout le poème... C'est ce qui « fait que la note descriptive est la note la plus saillante de « son œuvre... » On lui a reproché d'avoir prodigué les descriptions, tout en admettant la grandeur, la couleur, la force, la lumière dont il a su les envelopper. On oubliait, sans doute, que ce défaut, si défaut il y a, est inhérent aux *épopées artificielles*, parmi lesquelles on peut classer celle-ci, bien que le choix du sujet légendaire, la chronologie de l'action, l'action ou les actions elles-mêmes lui donnent le caractère propre aux *épopées naturelles*. Le poète s'inspire des cosmogonies anciennes & des légendes nationales & met en scène des personnages mythologiques avec leurs mœurs, leur religion, leurs habitudes, tout en respectant l'élément moral & providentiel. Hespéris a été outragée par ses fils. Dieu châtie leur crime par l'effondrement du continent atlantique & le supplice éternel des coupables précipités au fond du Teyde. Et tandis que l'Atlantide païenne est anéantie par la colère céleste, dans les siècles à venir, Colomb doit faire « de l'Espagne une *Atlan-* « *tide* nouvelle dont l'empire s'étendra sur les deux hémis- « phères à l'ombre de la croix[1] ». Ainsi sont « ingénieuse-

1. Essai sur l'*Atlantide*, par Mgr Tolra de Bordas.

ment enchaînés les mythes & les traditions du monde classique de l'antiquité avec les réalités du christianisme ». De là le double caractère religieux & national qui frappe dans l'œuvre de Verdaguer.

L'action, nous l'avons constaté, commence en Espagne & s'y termine merveilleusement. Ce poème est donc vraiment espagnol, &, nous ne saurions trop le répéter, vraiment national. De plus, il n'est pas une imitation plus ou moins heureuse de poèmes antérieurs. Le grand tact poétique de l'auteur lui a fait éviter cet écueil & celui d'une fausse originalité.

Le mythe de l'Atlantide a préoccupé poètes & savants depuis la plus haute antiquité. Platon en fait un *tableau idéal*, une sorte de *fiction politique*, alors que Bacon, dans la *Nouvelle Atlantide*, en posant les règles de son Académie, ne s'est livré qu'à une *fiction littéraire* ou *philosophique* qui embrasse toutes les parties des connaissances humaines. Fracastor de Vérone, médecin, astrologue & poète latin du seizième siècle, s'occupa aussi de l'Atlantide qu'il place en Amérique. Christophe Colomb apparaît dans l'épisode du poème latin, comme il se montre dans le prologue & l'épilogue du poème catalan. En France, ce vaste sujet tenta Népomucène Lemercier, *le prophète* réputé *de la rénovation littéraire*, dont Victor Hugo, qui lui succéda à l'Académie française, *devait être le Messie*. Mais l'*Atlantiade*, que M. Xavier de Ricard traite d'*épopée naturaliste*, est considérée par la plupart des critiques « comme un roman de physique où s'est perdu beaucoup de talent[1] ». « Certain levain poétique fermente dans ce chaos, « & des éclairs y sillonnent la nébuleuse », déclare avec bienveillance M. G. Merlet[2]. Victor Hugo, dans son discours de réception à l'Académie française (1841), se montre plus sévère lorsqu'il dit de ce poème que « la nature y est plutôt interprétée par la science que par la poésie ». Verdaguer a une toute autre conception de son sujet; en lui l'homme de science respecte l'inspiration du poète, inspiration puissante & enthousiaste qui, jointe à une force de conception extraordinaire, lui fait

1. *Revue des Deux-Mondes* du 15 février 1840 (article de M. Labitte).
2. *Tableau de la littérature française*, 1800-1815.

trouver des formes sculpturales dignes de Michel-Ange, une poésie de couleurs, une harmonie musicale qui communiquent à son verbe l'idéal même de l'expression. Son poème « est vraiment une œuvre gigantesque & TITANIQUE; il procède à la fois de l'*Apocalypse* & de Michel-Ange, de Lucrèce & de Milton, de Dante & de Camoëns. Nul encore, depuis Homère & Hésiode, n'avait osé dérouler ces scènes hardies & majestueuses dans lesquelles le poète, appelant l'antique mythologie à l'appui de la catastrophe qui forme le grand sujet du poème, nous montre les Titans en lutte avec Hercule & s'efforçant d'escalader le ciel [1] ».

Il est facile de déduire que rien de commun n'existe entre l'*Atlantiade*, que n'a probablement pas connue Verdaguer, & l'*Atlantide*. Dans l'*épopée naturaliste*, le cataclysme qui en fait le fond n'est qu'un fait scientifique autour duquel gravitent une foule de dieux inventés par l'auteur. Aux yeux de Verdaguer, la *légende platonicienne* prend des proportions autrement poétiques & religieuses qui ne permettent pas de qualifier son œuvre de simple *poème géologique*. Dans le choc & la rencontre des deux merveilleux, le poète trouve de précieuses ressources qui l'aident à accomplir son plan, à mettre en valeur l'idée de rénovation & de renaissance dont il poursuit la réalisation. Ce qu'il veut, c'est ce qu'a voulu Camoëns dans la *Lusiade* & qu'approuve Mme de Staël; c'est ce qu'a voulu également Châteaubriand pour les *Martyrs*. Avec de tels défenseurs, le choix des deux merveilleux dans Verdaguer, se passe de commentaires, &, loin d'être condamné, il est approuvé, accepté, & la cause est gagnée.

On a donné à notre auteur le titre de *poète national*. Il l'est autant par le fond de son œuvre que par la langue dont il s'est servi. « Il n'y a pas de « langue moderne qui égale en « puissance & en flexibilité la langue catalane, telle que Ver- « daguer sait la manier. Aussi, devant de telles beautés, la « critique de détail doit rester muette. Grâce à l'auteur de « l'*Atlantide*, l'Espagne n'a rien à envier aux Tennyson, aux « Longfellow, aux Carduccia, aux Mistral & autres grands

1. Essai sur l'*Atlantide*.

« poètes étrangers [1]. » Des admirateurs du poète constatent qu'il a *ressuscité* le catalan, l'a relevé, en a refait une langue littéraire & nationale, à la façon de Dante qui transforma le florentin en italien classique.

Il ne faut donc pas s'étonner de l'enthousiasme que provoqua aux jeux floraux de Barcelone, le 6 mai 1877, l'apparition de l'*Atlantide* [2]. Cette œuvre consacrait la réputation du poète tant de fois couronné & dont la puissance de l'inspiration épique s'était révélée dès 1873, dans un sujet éminemment patriotique : *la Bataille de Lépante* [3]. « La flamme du « génie brille dans ce poème depuis le commencement jusqu'à « la fin », constatait dans son rapport le secrétaire du *Consistoire du Gay Savoir*, M. Riera y Bertran. « Certains passages, ajou- « tait-il, enivrent & transportent par la sublimité qu'ils révè- « lent... Cette œuvre est appelée à faire le plus grand hon- « neur à notre littérature provinciale, & à s'élever autant « au-dessus de ses précédentes créations que la magnifique « cathédrale qui, dominant & couronnant un groupe de bel- « les habitations, élance jusque dans les nues sa flèche ma- « gistrale. »

Le lendemain, dans la réunion de la *Société des Catalanis-tes*, le lauréat, confondu dans la foule, fut reconnu, installé, malgré sa résistance, dans le fauteuil de la présidence, & deux jeunes gens de Vich, attention délicate & charmante, lui offrirent une couronne d'argent.

Dans la plupart des Sociétés littéraires de Barcelone & de Catalogne, séances extraordinaires tenues en l'honneur du

---

1. Don Marcelino Menendez Pelayo.

2. La *Députation provinciale* de Barcelone avait, en 1876, offert aux jeux floraux de cette ville un prix destiné à être décerné, l'année sui-vante, à l'auteur du meilleur poème épique qui serait présenté à cette Académie. Ce prix consistait en une superbe collection de volumes ren-fermant les plus célèbres poèmes des diverses époques & des divers pays. L'*Atlantide* obtint tous les suffrages.

3. La *Bataille de Lépante*, présentée au concours du *Gay Savoir* bar-celonais en 1873, obtint à ce concours une croix émaillée, & *Gémisse-ment de la tourterelle*, une Violette d'or & d'argent. L'année suivante, l'admirable légende : *Où saint François se mourait*, valut encore au poète une violette avec de chaleureux applaudissements.

poète auquel les Revues espagnoles & étrangères prodiguaient
à l'envi les éloges les plus flatteurs. Son poème, traduit
bientôt dans la plupart des langues de l'Europe, était publié à
Buenos-Ayres[1], tandis qu'à New-York un concours était orga-
nisé pour les meilleurs dessins allégoriques de ces chants admi-
rables. L'élan fut plus tardif à se produire en France, & surtout plus restreint. Il faut en accuser la négligence que nous
apportons à l'étude de la littérature espagnole & plus particu-
liérement à celle de la langue catalane. Parmi les rares patro-
nages accordés en notre pays à l'œuvre de Verdaguer, nous
devons mentionner celui du comte de Puymaigre qui consacre à ce poème, avec sa haute & incontestable autorité, une
page des plus élogieuses dans le *Bulletin du Bouquiniste*
(1er janvier 1879). Il avait déjà apprécié l'*Atlantide* dans le
Polybiblion (1877 & 1878). Mais l'attention d'un public d'élite
fut surtout appelée sur cette œuvre par les lumineuses appréciations de Mgr Tolra de Bordas, dont le savant & substantiel
Essai sur l'Atlantide[2] répond d'avance & victorieusement à
toutes les observations, à toutes les critiques.

Heureusement pour notre bon renom, l'auteur de *Mireille*,
auquel on a si souvent comparé Verdaguer, n'avait pas oublié
qu'il était un des parrains, le plus grand, de celui dont il
avait prophétisé la gloire future. Il ne se contenta pas, dans la
Muse orientale du 15 août 1877 de donner *raison* aux Catalans qui *considèrent ce splendide poème comme le couronne-
ment de leur littérature*, d'avance, il avait écrit au jeune
prêtre-poète la lettre suivante qui est pour lui un vrai fleuron
de célébrité.

1. En 1877.

2. *L'Essai sur l'Atlantide* a été publié en 1881. Ce n'est donc pas
M. le comte de Toulouse qui révèle ce poème en France, comme l'affirme M. Carl de Carbonnières dans la *Revue félibréenne* (1889), puisque l'article de cet auteur ne paraît dans *le Correspondant* que le
10 août 1884.

Maillane (Bouches-du-Rhône), 8 juillet 1877.

MONSIEUR ET NOBLE MAITRE,

Je viens de lire attentivement l'*Atlantide*, & vous envoie sans plus tarder l'expression de mon admiration la plus ardente. Depuis Milton (dans son *Paradis perdu*) & Lamartine (dans la *Chute d'un Ange*), personne n'avait traité des traditions primitives du monde avec tant de grandeur & une telle puissance.

Votre magnifique poème me fait l'effet de ces êtres prodigieux que les mineurs découvrent dans les entrailles de la terre, & qui, reconstitués par la paléontologie, nous révèlent les mystères qui avaient disparu dans les flots du déluge. La conception de l'*Atlantide* est colossale, & son exécution est resplendissante. La Catalogne n'avait jamais produit une œuvre renfermant en elle tant de poésie, d'ampleur, de majesté, de force & de goût. On trouve là répandues, disposées & rendues à la vie avec une extraordinaire vraisemblance, les traditions les plus antiques & les plus vénérables de la terre catalane, & l'imagination, unie à la science, embellit merveilleusement vos superbes descriptions.

O illustre Poète, vous avez largement tenu les promesses de votre jeune âge. Je me rappelle ces belles fêtes de Barcelone où je vous rencontrai, modeste étudiant, coiffé de la *barretine* violette, & je n'ai pas oublié l'enthousiasme & la grâce qui vous inspirèrent de venir à moi. Tous alors, il m'en souvient, nous comptions sur vous : *Tu Marcellus eris!* Vous avez réalisé au centuple les espérances que votre patrie avait fondées sur vous.

De tout cœur, je vous envoie mes félicitations & mes remerciements. La magnifique épopée que vous venez d'élever, sous l'inspiration de l'idéal, appartient, non seulement à la Catalogne, mais aussi & surtout à la renaissance de notre langue & le Félibrige tout entier se glorifie de votre œuvre.

Je vous salue, bon & noble Maître, & vous embrasse de tout mon cœur.

F. MISTRAL.

IV.

Il semblait qu'après la grandiose épopée de l'*Atlantide* plus
rien ne fût à même de s'ajouter à la gloire du poëte. Le génie
de Verdaguer ne pouvait pourtant s'arrêter là. Ce n'est pas à
trente-deux ans, alors que l'on jouit de la plénitude de ses
facultés & de son talent, que l'on se condamne au repos, au
silence. Il venait de magnifier, Dieu sait avec quel élan,
l'Océan & les mystères qu'il renferme, — la montagne, dont
il était fils, devait attirer son attention & émouvoir, en l'exal-
tant, son inspiration.

Lorsque, en 1873, au plus fort de la maladie qui avait
failli l'emporter, son ami, M. Jaume Collell, le promenait
dans le Roussillon pour le soulager & le distraire, *un désir*
passa *comme un éclair* dans son *regard mourant* à la vue du
Canigou. — « J'aimerais bien d'y monter », murmura-t-il.
Puis, il retomba dans son affaissement sans se douter qu'un
jour il fouillerait jusqu'aux entrailles le géant pyrénéen & lui
arracherait une *perle nouvelle* qui ajouterait encore à l'éclat
de sa renommée.

Le *Canigou*, ont avancé quelques critiques, est le fruit du
travail. Qu'on ne s'y méprenne pas, l'auteur, pour sertir ce
joyau, s'est plus souvent couvert de la poussière des chemins
que de celle des bibliothèques. S'il a pris à l'histoire ce qu'elle
enseigne, à la légende ce qu'elle autorise, là où aucun che-
vrier n'oserait se hasarder, sans souci des dangers qui le
guettaient de toutes parts[1], il s'est engagé sans crainte, à

---

1. Témoin son ascension à La Maladetta où il vit disparaître son
guide dans une crevasse & resta lui-même suspendu à un rocher au-
dessus de l'abîme. Il ne parvint à se sauver qu'au prix des plus grands
efforts. Une autre fois, après les événements de Badajoz & de la Seu
d'Urgel, il fut arrêté comme révolutionnaire sur la frontière par la
gendarmerie française. Son costume de prêtre? Vain déguisement. Sa
licence ecclésiastique? Trompe-l'œil écrit en langue barbare (n'est
pas latiniste qui veut). Jusqu'à plus amples informations, notre poète
était prisonnier. Il protestait, on ne l'écoutait pas ou l'on se moquait
de ses dires. Parmi les papiers saisis sur lui, on découvrit son *Ode à*

travers la chaîne des Pyrénées, gravissant des pics sourcilleux, escaladant les plus hautes cimes pour documenter ses tableaux & ses descriptions, tout voir de ce qu'il voulait décrire, unir la fiction à la réalité avec la grandeur que donne la poésie, la couleur que réclame la peinture, l'harmonie des lignes qu'exige l'architecture.

Seul, pensif, oubliant tout pour ne rien perdre de la hantise de son rêve, il tâchait de déchiffrer cette colossale nature, de lui dérober tout ce qu'elle peut révéler à un poète, à un penseur. Il écoutait les bruits qui montent de son sein & dont la légende fait des voix, & notait ses visions, ses impressions une à une. Il sentait une belle œuvre sourdre lentement en lui & que toute cette poésie éparse qui s'enguirlandait aux creux des vallons ou s'élançait du fond des abîmes allait s'épanouir en un délicieux poème ayant pour sujet, comme l'*Atlantide*, un être inanimé, non plus un continent englouti, mais la montagne du Canigou & toute la région qu'elle embrasse. Le géant pyrénéen devenait en quelque sorte en son esprit *la bannière du peuple catalan*, &, à travers des descriptions[1] sans égales, venaient se mêler les péripéties d'une légende de la reconquête & d'un conte de fées, la grande lutte entre le christianisme & les superstitions sensualistes, entre le patriotisme national & la tyrannie musulmane.

Tour à tour lyrique, épique, élégiaque, pastoral, le poète parcourt avec un égal bonheur tous les champs de la poésie, toute la gamme des rythmes, & sa palette semble emprunter au ciel lui-même l'éclat de ses couleurs, les éblouissements d'un émail de la Renaissance. La Foi, la Patrie & l'Amour paraissent être les cordes mêmes de sa lyre, le rayon de lumière qui éclaire jusqu'au fond les choses qu'il fouille, les sentiments qu'il met en jeu.

Barcelone, ornée du portrait de l'auteur & connue des deux côtés des Pyrénées. Force fut aux gendarmes de se rendre à l'évidence. Excuses faites & acceptées, ils lâchèrent leur prisonnier en déclarant que cette dernière pièce valait à leurs yeux cent mille passeports. L'*Ode à Barcelone* avait été tirée à 100,000 exemplaires.

1. On ne reproche pas au poète l'abus des descriptions dans le *Canigou* comme on l'a fait à propos de l'*Atlantide*.

Ce tissu *de légendes, de traditions, de tableaux, de descriptions de la nature & de l'art* est un *panorama* si saisissant de vérité qu'il a fait dire à Don JOAQUIN CABOT que « tous ceux qui ne connaissent pas le Canigou voudront en faire l'ascension l'ouvrage de Verdaguer à la main ». Ce poème est-il une épopée, une légende, un poème classique, un poème romantique? Pourquoi chercher à le classer? *L'enseigne* ne fait pas *la chalandise*. Sera-t-on plus avancé quand on le qualifiera du nom de poème patriotique ou de poème philosophique? Le sujet, plus humble, plus local que celui de l'*Atlantide*, exigeait, surtout dans certaines pages, des allures moins épiques. L'œuvre n'en reste pas moins une expression d'art très puissante & d'une grande intensité d'effet, dont le côté humain assure la popularité. L'élément descriptif & l'élément narratif y sont combinés avec une égale supériorité. Le poète y rend en quelque sorte visible l'âme des êtres & des choses, avec une abondance de luxe qui n'admet que l'exquis de l'exquis & à travers laquelle l'action marche d'une seule haleine sans que cesse ou se divise l'intérêt, sans que s'atténue l'émotion ou le charme.

Cette épopée populaire est, sans contredit, la seconde œuvre maîtresse de Verdaguer & suffirait à l'illustrer. Ici, comme dans l'*Atlantide*, la facture est aussi magistrale, l'harmonie rythmique aussi parfaite, le coloris aussi puissant. De part & d'autre, même idée de rénovation & de renaissance. En cela les deux poèmes sont jumeaux, malgré la différence d'affabulation. Le poète ne pouvait ni ne devait interpréter la plus terrible des catastrophes géologiques & la naissance allégorique & légendaire de l'Espagne comme il interprète la splendeur des montagnes, le triomphe de l'histoire sur la fable, de l'esprit sur la matière, de la vérité sur l'erreur[1]. De là des chants aux allures diverses. Tel de ces chants vous enlève & sonne comme un clairon de combat, tel autre produit l'effet inattendu d'une antique *chanson de geste*. Celui-ci a l'attrait d'une scène de *Mireille*, celui-là ressemble à un écho des jardins d'Armide. La *Maladetta*, par exemple, a des proportions

1. Avant-propos du traducteur, Mgr Tolra de Bordas.

cyclopéennes qui ne le cèdent en rien aux proportions homé-
riques du *passage d'Annibal* & du *Roussillon*. Sans parler d'autres pages (l'énumération en serait trop longue) dont la grâce
virginale éblouit, attire & retient, citons le chant final si
lyrique, si haut d'inspiration, merveilleux dialogue entre les
fées & les religieux qui, les musulmans expulsés, prennent
possession de la montagne qu'enfin domine la croix & que ne
recouvre plus *le manteau d'hermine des fées*.

Ici, comme dans l'*Atlantide*,

> Le profane au divin avec art se marie,

& cette alliance des deux merveilleux concourt à nouer, à
embellir l'action, fournit au poète, nous l'avons constaté, de
précieuses ressources pour l'aider à accomplir son plan, sans se
préoccuper si quelque critique grincheux ne se mettra pas en
peine, au sujet de cette alliance, de recommencer le procès
littéraire gagné par Camoëns, le Tasse & Chateaubriand[1].

Certains prétendent, non sans emphase peut-être, que si
l'*Atlantide* est considérée comme l'*Iliade* espagnole, le *Canigou* devrait être appelé l'*Iliade* catalane. De quelque nom qu'on
le dote, cet ouvrage, avec ses éléments divers, est « le meilleur
argument à opposer à ces sceptiques qui rêvent la mort de la
poésie de haut vol ». « Dans le domaine de l'art, rien ne
meurt ». Verdaguer le prouve. Et « la poésie épique est aujour-
d'hui possible & légitime, sous des formes nouvelles appro-
priées aux idées scientifiques modernes & aux nouvelles théo-
ries esthétiques[2] ».

Pour apprécier la beauté de cette œuvre, il faut en savourer
les détails, sinon dans l'original, du moins dans la traduction
que Mgr Tolra de Bordas, avec la maîtrise que l'on sait, pré-
senta au grand public en 1889. Le savant prélat, dans un
avant-propos qui est une véritable étude, semble redouter
l'épreuve à laquelle il s'est soumis à la prière de Verdaguer,
& moins témérairement qu'il ne l'avance. S'inspirant de ce

---

1. Nous avons plaidé cette cause, en 1896, dans le tome VIII, 4e livraison de la *Revue des Pyrénées*.
2. Marcellino Menendez Pelayo. Lettre à Verdaguer.

mot de Cervantès : RIEN METTRE NI RIEN OMETTRE, il a rendu
le texte avec la plus heureuse littéralité. Il a interprété en
poète l'œuvre géniale d'un poète; aussi, quoi qu'il en dise,
sa traduction est plus qu'une « estampe à laquelle manquera
toujours le coloris du tableau ». Elle a la vie, la fraîcheur
& la grâce d'une œuvre longtemps caressée & sortie tout
d'une pièce de son cerveau sous le jet d'une inspiration qui
semble sienne. Il n'a donc pas « trahi sa mission », ni trompé
l'attente des lecteurs. Sa prose a les sonorités de cristal des
vers du poète catalan; les termes en sont précis; « la figure
du texte, son allure, sa manière d'être, sa physionomie » sont
religieusement conservées. L'original ne sera donc pas pour
lui un délateur, comme sa modestie a l'air de le redouter,
mais un approbateur sincère[1]. Le chantre de Mireille, une
autorité qu'on ne saurait récuser, n'est-il pas de cet avis lorsqu'il lui écrit :

MONSEIGNEUR & CHER CONFRÈRE,

Les poètes astrés naissent accompagnés d'un cortège d'âmes sœurs
qui se groupent autour d'eux en pléiades sympathiques & augmentent
d'autant l'éclat de leur lumière. Vous, comme homme de foi, comme
homme de lyre & comme catalan, vous appartenez à la constellation
de Jacinto Verdaguer; il était tout naturel que son charmant poème
Canigo vous eût pour interprète dans la langue de France.

Canigo est la légende, la légende dorée de votre merveilleux pays de
Roussillon où les fées hantent encore les cimes blanches des montagnes. Verdaguer nous a chanté ce qu'elles font là-haut dans la langue
rythmée, précise & assonante de nos *Chansons de geste*. Et maintenant,
pour ceux qui ne peuvent pas boire le lait des Pyrénées dans la coupe
du pâtre, ni goûter au miel qui coule des yeuses entr'ouvertes, voici,
dans une coupe ciselée à plaisir par la main d'un poète qui consent à
se faire le traducteur d'un autre, voici le lait, voici le miel du mont

1. Nous nous sommes fait un plaisir & un devoir de signaler en son
temps, dans la *Revue félibréenne* & le journal *le Monde,* la translation
dans notre langue de ce nouveau chef-d'œuvre de Verdaguer dont
nous donnions une modeste analyse.

Hymète catalan. Je m'unis de tout cœur aux applaudissements qui vont accueillir en France la *Chanson du Canigou*, grâce à votre version aussi exacte que poétique.

Recevez, Monseigneur, &c.

F. MISTRAL.

Maillane (Bouches-du-Rhône), 17 février 1889.

Ce que l'on ajouterait à un si flatteur témoignage paraîtrait incolore & froid. La translation dans notre langue de ce nouveau chef-d'œuvre de Verdaguer fut signalée à l'admiration de tous par les félibres devenus légion, par les romanistes, les lettrés de tout genre, les vrais dilettantes de la forme qui avaient déjà accordé au poète une place d'honneur dans les dyptiques de la poésie.

Quelques critiques grincheux, tels que M. Guardia dans la *Revue des Deux-Mondes*[1], ne furent pas de l'avis de Mistral, qui, tout en appréciant à sa valeur la traduction du *Canigou*, n'avait eu garde, on l'a vu, de négliger le poète. Ces critiques essayèrent bien de jeter une note discordante dans le concert d'éloges qui s'harmonisait de toutes parts; leur réquisitoire contre la littérature catalane, — celui de M. Guardia est le plus violent, — aussi dénué de logique dans les arguments que d'exactitude dans les faits, fut réfuté de main de maître par l'auteur de l'*Essai sur l'Atlantide*. On se moqua de l'exclusivisme dédaigneux de ces accusations, &, sans rappeler le nom de Don Antonio de Bofarull, de Don Mariano Aguilló, de Victor Balaguer & d'une foule d'autres écrivains remarquables, ne songeant qu'à Verdaguer & à son universelle réputation, on répétait avec orgueil ce mot du poète valencien Quérol : « Les étrangers voudront apprendre le catalan pour lire

---

1. *L'ancienne littérature & le mouvement littéraire contemporain*, 15 octobre 1886. Don Manuel de la Revilla, dans son journal *El Liceo*, avait dédaigneusement raillé le sujet de l'*Atlantide* & le style du poème dont il admirait pourtant certaines parties. Ces folles intempérances d'appréciation & de langage ont été dénoncées au lecteur dans l'*Essai sur l'Atlantide*. Nul doute, si M. Revilla n'était mort (fou) en 1882, qu'il ne se fût uni à M. Guardia dans cette querelle.

Verdaguer comme on apprend le grec pour lire Homère. »
C'était faire en même temps l'éloge de la langue & du poète.

L'article de M. Guardia, entre autres, est oublié depuis
longtemps, tandis que de toutes parts on applaudit à la *gloire
œcuménique* [1] de l'auteur du *Canigou* & de l'*Atlantide*.

Nous voudrions pouvoir citer en son entier l'article que
M. J. Morató consacre dans le *Cu-Cut* du 12 juin 1902 [2], à
l'illustre poète. Il rappelle, non sans orgueil, que le *génial*
Pereda, dans une de ses œuvres, affirme avec une autorité
qu'on n'ose lui contester que Verdaguer est l'*unique poète
épique* de l'Espagne, & les motifs ne lui manquent pas pour
soutenir cette affirmation. « En cette époque de fatale décadence pour la littérature castillane, ajoute M. Morató, en un
temps où les poètes castillans confondent l'inspiration avec la
redondance... la colossale figure de Mossen Cinto » domine
poètes & prosateurs lorsqu'il fait entendre « les chants sublimes qui constituent l'*Atlantide*... ou qu'il célèbre « en sa
légende du *Canigou* » les troubles des « cœurs énamourés, le
désespoir des vaincus ou l'allégresse des vainqueurs pendant la
guerre, » les impressions diverses des combats ou les douceurs
de la vie monastique ». Il déclare que « Verdaguer a chanté
tout cela en un langage vigoureux, pittoresque, châtié, hau-
tement littéraire, sans phraséologie ni enluminure de dic-
tion... », & qu'avec de telles qualités il ne put manquer, à son
apparition « dans le champ de la littérature », d'attirer « l'attention des personnes véritablement illustres qui cherchent
dans la poésie autre chose qu'un feu d'artifice ».

Nous sommes bien loin, on le voit, des critiques peu docu-
mentées de MM. Guardia & Revilla.

A ceux qui croient que la muse épique de Verdaguer ne
peut s'abreuver qu'aux sources de la légende ou de l'histoire
des temps passés, on peut donner à lire l'*Ode à Barcelone*,
qu'anime un souffle très moderne & dans laquelle circule la
vie contemporaine avec une puissante intensité. Le poète ici
se fait prophète & annonce le colossal développement de la

1. Léon Gautier, *Les Chansons de geste.*
2. *Le grand poète épique,* M. J. Morató.

grande cité en des strophes superbes applaudies des deux côtés
des Pyrénées & gravées en lettres d'or dans la mémoire des
Catalans. Quelle âme de patriote vibre dans ces alexandrins
aussi sonores que du cristal ! & comme on est peu surpris du
succès, de la popularité de cette pièce devenue vite « le pain
de la foule [1] » ! C'est à qui s'associera à ce succès & le voudra
hors de pair.

La municipalité de Barcelone la première donne l'élan en
votant, le 8 mai 1883, les fonds nécessaires pour faire une
édition de 100,000 exemplaires, &, le 19 du même mois,
en proposant la frappe d'une médaille d'or grand module destinée à l'auteur. Le maître recevait en outre, le 3 décembre 1883, par l'entremise d'une nombreuse commission com-
posée d'écrivains & d'artistes & nommée par les donateurs, des
Barcelonais, une couronne d'argent admirablement ciselée
que le destinataire, dans sa modestie, se trouvant indigne
d'une telle distinction, alla déposer aux pieds de la Vierge de
Montserrat. L'Espagne entière acclama cette œuvre. Journaux
& revues l'apprécièrent, l'analysèrent, la commentèrent, la
traduisirent qui en castillan [2], qui en français [3], qui... nous
n'en finirions pas. Le *poète de la Nature* fut proclamé le *poète
de la Patrie* [4], de cette patrie pour laquelle, à part une foule
d'œuvres éparses, il devait lier particulièrement une gerbe aux
parfums capiteux, & organiser un chœur de voix aussi vibran-
tes que tendres pour en célébrer les amours & la gloire.

---

1. Victor Hugo, *Les Burgraves*, préface.

2. Don Joan Baradat : publication en prose dans *El Comercio*, de Manille, 8 novembre 1883.

Don Francisco Mas y Otzet : publication en vers, fascicule à part
précédé d'une charmante lettre à Verdaguer & qui parut dans *La Ocea-
nia Española*, de Manille.

Don José Carulla, dans *La Civilizacion*, &c., &c.

3. Don Joan Vilarrasa.

4. *Patrie* a paru à Barcelone en 1888.

V.

Ceux qui ont connu le poète catalan avec sa délicatesse de conscience, sa vie privée exemplaire, sa foi inébranlable, les aspirations de son âme, n'ignoraient pas les tendances de son génie. Il devait chanter, en effet, comme David, pleurer comme Job, composer des cantiques élégiaques comme Jérémie. Tout le poussait dans cette voie, & la poésie s'élevait à ses yeux à la hauteur d'un sacerdoce.

A vingt ans à peine il envoyait aux Jeux Floraux de Barcelone la *Volada de l'anima*, &, au bord du tombeau, il écrivait les *Flors de Maria*, sujet de ses dernières méditations. Pendant son vicariat à Vinyolas, & tandis qu'il mettait & remettait sur le métier l'épopée qui devait être son chef-d'œuvre, il travaillait aux *Idilis y cants mistichs* qui allaient le placer au premier rang parmi les poètes mystiques & faisaient dire au savant catalaniste Mila y Fontanals : « Le poète a rassemblé dans ce délicieux petit volume les plus suaves fleurs d'un jardin qu'on croirait habité par les séraphins. » D'autre part, des juges très éclairés affirmaient que ce charmant volume renferme des poésies destinées à devenir classiques.

En 1881, dans le Polybiblion, M. Albert Savine, le traducteur en prose de l'*Atlantide*, appréciait délicatement deux délicieuses plaquettes publiées par Verdaguer en l'honneur de la Vierge de Montserrat à l'occasion du millième anniversaire de l'invention de la statue de Notre-Dame. Tandis que le *Canigou*, trop humblement qualifié par l'auteur de *légende pyrénéenne*, éveillait de tous côtés appréciations flatteuses, critiques acerbes, éloges retentissants, tandis que le traducteur en français polissait & repolissait sa traduction, travaillait à la mettre au point, Verdaguer ciselait un ravissant joyau, le *Songe de saint Jean*[1], qui dévoile aux regards charmés une « splendide galerie d'âmes sublimes éprises de l'amour divin, qui s'étend de siècle en siècle, sans solution de continuité, depuis la bienheu-

1. Traduction en français de M. Justin Pépratx, 1888.

reuse Vierge Marie jusqu'à la bienheureuse Marguerite ».
Cette légende en trois époques, dans les trente-trois tableaux
qui se déploient sur la terre, exhale « tous les parfums du
paradis dont *elle* donne un avant-goût & dont *elle* parle le
langage ». Le sentiment qui l'anime est toujours identique à
lui-même.

*L'amour n'a qu'un mot & en le disant toujours il ne se
répète jamais*, remarque le P. Lacordaire. Aussi que de modulations diverses pour interpréter ce mot! Ce sont ces modulations qu'a su noter le poète & dont il a supérieurement
exprimé les nuances. Saint Augustin, saint Bernard, sainte
Thérèse, saint Vincent de Paul, sainte Rose de Lima, &c., ne
pouvaient que donner un relief différent à leur langage, une
caractéristique différente à leurs sentiments. C'est cette *caractéristique* que Verdaguer a dégagé dans chaque pièce de ce recueil,
de façon à ne point laisser naître la moindre équivoque dans
l'esprit du lecteur. Il fallait, pour traiter un sujet d'apparence
si monocorde, une plume sacerdotale qui parvînt à traduire
en les variant les témoignages d'amour échangés entre l'homme
racheté & le Dieu qui le racheta; il fallait « un poète dou-
blement appelé par vocation naturelle & par état à planer
dans les régions supérieures & à puiser ses inspirations sur les
sommets[1] ».

Quel autre mieux que Verdaguer était à même de remplir
ces conditions, d'identifier si bien le lecteur à sa création que
celui-ci s'illusionnât au point de se croire *l'heureux associé
des âmes d'élite avec qui Dieu converse.*

Comme les *Idylles & chants mystiques*, le *Songe de saint
Jean* est souvent comparé aux plus suaves inspirations des
grands mystiques de la Péninsule. L'auteur, pour le composer, *a mis en lui toutes ses complaisances.*

« Allons à Bethléem[2] », « un petit enfant nous est né[3] ».
Telles sont les épigraphes des premiers chapitres de *Jésus
enfant*, trilogie sacrée simple d'allure, d'un sentiment poé-

1. AVANT-PROPOS, par M. Jacques Boixéda.
2. *Transeamus usque Bethleem*, saint Luc, 11, 15.
3. *Parvulus natus est nobis*, Is. 11, 6.

tique & religieux très pénétrant, d'une émotion sincère & profonde. Tout est charme & enlacement, mélodie expressive & chaude, caresse d'harmonie dans ce joli poème.

Comme Berlioz dans *l'Enfance du Christ*, Verdaguer a voulu faire naïf & il a fait sublime. Cette œuvre étincelle de traits heureux, de trouvailles de génie sur lesquels plane une onction très tendre & quasi divine. Partout le texte saint est respecté & rendu avec une fraîcheur idéale. Ce ne sont plus ici des mythes, des figures à la fois fantastiques & humaines que désigne à notre attention le poète, c'est le Dieu enfant, c'est la Vierge-mère, c'est saint Joseph, *l'homme au bâton fleuri*, ce sont les bergers, les rois mages, les messagers du Très-Haut, c'est l'incomparable symphonie qui du ciel descend sur la terre & de la terre monte au ciel. Tout vibre, tout prie, tout chante, tout adore, tout exalte le nouveau-né. « Paix aux hommes de bonne volonté! » *Gloria in excelsis!* Un hosanna universel fait retentir le monde, effraie César sur son trône, remplit d'allégresse Elisabeth & Zacharie, donne au vieux Siméon *l'espoir bien doux* que la lumière tant désirée vient à lui. Une étoile nouvelle brille au-dessus d'une prodigieuse floraison d'astres, sert de guide aux mages savants, curieux & chercheurs, & les conduit jusqu'à l'humble crèche où repose le fils de Marie. De la nature en fête s'épand, toujours en ondes sonores, la prodigieuse symphonie, tandis que le chœur des anges, des pasteurs, des rois mages, varie à l'infini les modulations rythmiques d'un Noël retentissant, auquel, quand *aura commencé la moisson des lys* (le massacre des Innocents), succéderont les cris de douleur de Rachel qui ne veut pas être consolée.

Jamais le récit évangélique n'a été interprété avec une grâce aussi touchante, un sentiment littéraire aussi pur, une inspiration si haute qu'on la croirait surnaturelle.

Au début du poème, Verdaguer nous dit : « Allons à Bethléem! » & nous l'y accompagnons avec délices. Puis : « Levez-vous, & prenez l'enfant & sa mère, & fuyez en Egypte[1]. »

---

1. *Surge, & accipe puerum & matrem ejus, & fugi in Ægyptum.* (Saint Mathieu, 11, 20.)

Cette seconde partie est aussi admirable que la première. Ici encore tout séduit ou pleure ou chante, conserve une instrumentation éminemment artistique où domine le merveilleux sentiment de la couleur, la richesse des thèmes, l'heureuse disposition & l'exécution du plan. On suit pas à pas les fugitifs à travers le désert, les traditions[1], les pieuses légendes des premiers siècles du christianisme. Jean, qui sera le disciple bien-aimé, apparaît au sommet d'une montagne, *comme l'étoile de l'aube, héraut du soleil qui va sortir*. Il frappe la roche d'un bâton en forme de croix, *il en sort une source abondante* où pourront se désaltérer les voyageurs accablés par la chaleur & le vent du désert. De cet océan de sable s'élèvent des voix mystérieuses & inconnues. Les anges les accompagnent sur des violes. Dans les oasis, les fleurs, les eaux, les animaux font entendre des mélodies à nulle autres comparables. Les tableaux succèdent aux scènes avec une délicate magie de style, une infinité de nuances & une beauté très originale dans la variété.

Mais voici que va être réalisée la parole du prophète Isaïe : « Et les idoles d'Egypte s'ébranleront devant sa face[2]. » Et aussi celle de Jérémie annonçant que les statues qui ornent *le temple du soleil* dans la terre d'Egypte seront brisées[3]. En effet, à l'approche du Fils de Dieu, les trois cent soixante idoles qui règnent dans le temple à Héliopolis, ce *panthéon d'Egypte,* sont renversées, pulvérisées, couchées dans un vaste ossuaire, au moment où la longue théorie d'un millier de prêtres s'avance dans l'ombre mystique de l'immense nef. Le grand pontife est sorti du *Sekos*[4] enveloppé de ténèbres, il suit l'énorme procession qui serpente vers le *pronaos*[5]. Des hymnes à Horus éclatent sur toutes les lèvres. Le soleil commence

---

1. *Tradition bethléemite :* LE PUITS DE MARIE. *(Bethléem.) Tradition catalane :* LE ROMARIN. *Tradition copte :* HERMOPOLIS. *(La fuite en Egygte.)*

2. *Et commovebuntur simulacra Ægypti a facie ejus.* Is., XIX, 3.

3. *Conteret statuas domus solis, quæ sunt in terra Ægypti.* Jér. XLIII, 13.

4. *Sekos,* chambre secrète réservée au grand-prêtre dans les temples égyptiens.

5. *Pronaos,* partie intérieure du temple.

à poindre à l'horizon. Le pontife *élève déjà son image; tout à coup le temple se met à trembler comme une feuille & tout le Delta avec lui... Le dieu fragile tombe de ses bras & roule de degré en degré par l'escalier jusqu'en bas, où il se trouve pêle-mêle avec des serpents d'airain, des éperviers de porphyre, & toutes les idoles de l'Egypte en morceaux*[1]... A Hermopolis[2], même destruction. Le dieu Hermès précipité de son autel entraîne le temple dans sa chute, &, *en amont du grand fleuve* (le Nil), *comme en aval, il ne reste pas une idole, un temple, un palais entier à moins qu'il ne soit enfoncé dans l'eau...*

Ce bouleversement est décrit avec une grande maîtrise, & chacun de ces chapitres est très finement rendu. L'histoire d'*Aphrodisius*[3] vous touche, *Notre-Dame de la Baume* (SAÏDNA-EL-KAHF) vous enchante, la *crue du Nil* & sa *décroissance* vous incitent à donner au Nil le nom de *fleuve de la Providence*. Ainsi l'esprit du lecteur s'emplit & s'embellit de la pensée du poète. Sa muse, en s'envolant là-haut jusqu'aux *vestibules de l'infini*, ne lui avait jamais inspiré des harmonies plus suaves, des beautés d'un tel ordre, une grandeur semblable dans la simplicité. Et comme le R. P. Monsabré a eu raison de dire dans la lettre-préface de *Jésus-Enfant* que cette muse sait prendre tous les tons, soit qu'elle s'engage en chantant dans un *chemin de fleurs*, soit qu'elle varie les cantilènes modulées par Joseph & Marie, ou qu'elle note le chœur des dieux tombés, ou encore & toujours qu'elle improvise quelque magnifique chœur d'anges!

1. LE TEMPLE DU SOLEIL à Héliopolis.

2. HERMOPOLIS. La tradition catholique & la tradition copte, répétant la destruction des idoles prophétisée par Isaïe, ont obligé Verdaguer à la répéter dans son poème. Il se conforme également à ce que dit Origène (Homélie III) : « C'est pour détruire les idoles que Jésus alla en Egypte. »

3. APHRODISIUS. Cette histoire est tirée d'un pseudo évangile apocryphe de saint Matthieu, traduit par saint Jérôme. « Aphrodisius, selon une ancienne tradition, était jeune bien que revêtu d'une haute dignité lorsque Notre-Seigneur vint à Héliopolis. Il se convertit à l'Evangile après la mort de Jésus-Christ, & fut sacré évêque, & le premier évêque de Béziers, par Paul Serge, l'apôtre de Narbonne. » (Bolland., 24 mai).

Saint Jérôme a dit : « Nous irons à Nazareth &, là, nous verrons la fleur de Galilée. » Sur la foi de cette promesse, sortons d'Egypte & dirigeons-nous avec les exilés vers cette cité bénie, ce berceau du Verbe incarné, & répétons avec Jésus ce refrain en pleurant de tendresse : « O Nazareth, bourgade fleurie ! ouvre-toi à mon cœur. Je te porte la vie ; je te porte l'amour. »

> Nazareth florida,
> Obret à mon cor;
> Jo't porto la vida,
> Jo't porto l'amor.

Les jolies strophes ! Et comme la poésie enguirlande chaque page, se parfume de tous les *arabiques aromates*, fait éclore sous son souffle les merveilleux lotus & *les lys* & *les roses* avec les *allégories spirituelles & religieuses*[1] ! Elles sont charmantes, ces allégories. Elles disent toutes dans leurs variantes : *Deus, ecce Deus !* L'auteur n'a donc pas à se préoccuper à ce sujet : la censure ecclésiastique ne saurait l'atteindre.

Que citer de Nazareth ? *Le Proème ? Les deux cousins ? Inter lilia ? Le petit Roi ? Jésus & les lions ? Jésus au temple ? Fleurs de Jésus ? La Passiflore ? La Galilée ? Amours célestes ? La bénédiction ? Les chardonnerets ? Le semeur ? La croix ?...* Une brève analyse paraîtrait bien sèche & bien froide auprès de ces pages qu'ensoleille le génie & que la poésie revêt de magiques atours. Mieux vaut en apprécier la saveur sinon dans l'original du moins dans l'élégante & fidèle traduction que M. Justin Pépratx livrait au public de France en 1896.

Verdaguer publiait *Nazareth* à Barcelone en 1890[2] & *Bethléem* en 1891[3]. La genèse de la *fuite en Egypte* qui devait si heureusement compléter cette trilogie, il l'a écrite à *Notre-*

---

1. L'auteur, pour se conformer aux prescriptions de l'Eglise, a cru devoir déclarer « que tous les faits miraculeux ainsi que certains évé-« nements de l'enfance de Jésus qui sont rapportés dans cet ouvrage « n'ont d'autre valeur que la valeur poétique des allégories religieuses « & spirituelles que nous présente, pour le délassement & l'édification « des fidèles, depuis les temps primitifs, la littérature chrétienne ».

2. Libreria de Bastinas, Pelayo, 52.

3. *Ibid.*

Dame de la Gleva[1], à laquelle il dédie cette partie de son poème. En errant dans le sanctuaire vénéré, il découvre au-dessus de deux autels & de l'armoire de la sacristie trois tableaux qui attirent son attention. Ces tableaux représentent la fuite en Egypte, l'arrivée de la sainte famille aux bords du Nil, le retour d'Egypte. Il voit dans ce triptyque « net, clair & développé, du commencement à la fin », son thème de la la fuite en Egypte..... Alors, comme celui qui, cherchant une perle, trouve un diamant, dès le lendemain, dit-il, « mettant la main à l'œuvre, à genoux, & tremblant de peur de les profaner, je commençai à essayer la traduction de ces trois peintures dans le langage de ma pauvre poésie.......

...comme ami des enfants & des oiseaux, je fus logé près de la maîtrise & sous les nids que les hirondelles des rochers suspendent tous les étés à la saillie de la toiture, dans une chambre spacieuse qui est au-dessus du sanctuaire. De là je domine d'un bout à l'autre la plaine de Vich, toute constellée d'ermitages & de chapelles. J'en embrasse douze d'un regard, du Montseny aux Pyrénées, où blanchissaient encore quelques lambeaux de neige, comme un vol de perdrix blanches. Entre ces deux grandes montagnes, je vis les montagnes petites & humbles de mon bien-aimé berceau de Folgarolas..... Plus proche, à un jet de pierre de mon balcon, reluit & coule, bruyant & majestueux, le Ter...; sa vue & son murmure me transportaient au roi des fleuves, à l'incomparable Nil, serpentant à travers la terre de Gessen & l'immense plaine d'Egypte, où s'envolaient mon imagination & mon cœur à la suite de la sainte Famille[2]. »

« Ce n'était pas tout à fait par aventure » que Verdaguer était venu demander un asile à cette solitude. *Une petite épreuve*, dit-il, lui en fournit le motif. Il ne soupçonnait pas

---

1. Dans ce sanctuaire, un moine barnabite institua sept messes en mémoire des sept années passées par Marie dans la terre d'Egypte. Une bulle du pape Clément X, en date du 4 mai 1671, constitue la Confrérie de l'exil dont les membres sont appelés esclaves ou serviteurs de Marie. Dès 1893 Verdaguer fit partie de cette confrérie.

2. *Jésus Enfant*, hommage du poète.

encore ce que cette épreuve allait avoir, en grandissant, d'influence sur sa destinée.

VI.

Verdaguer avait connu toutes les ivresses du succès, les hautes satisfactions du devoir accompli ; il avait excité, sans rien perdre de sa simplicité, de sa modestie, l'enthousiasme des lettrés & des foules, du Souverain-Pontife[1] & des empereurs[2] ; son front avait été ceint d'impérissables lauriers ; les pauvres le bénissaient ; les grands tenaient à honneur de lui présenter leurs hommages ; rien ne semblait pouvoir l'atteindre au sommet où son génie l'avait élevé, & nul, dans le public, ne pressentait qu'on travaillait dans l'ombre à lui faire cruellement expier sa gloire, qu'un tribunal clandestin, anonyme, qui voulait être irresponsable aux yeux de tous, se préparait à le frapper d'ostracisme, à l'accabler de persécutions injustifiées, à lancer contre lui d'ineptes accusations, à l'assassiner moralement[3]. Sa prodigieuse renommée excitait l'envie de plus d'un, irritait ceux-là même qui l'encensaient avec des mots de tendresse, qui paraissaient avoir le plus de souci de son avenir. On jalousait l'influence qu'avait créée pour lui, dans sa famille, à l'apparition de *l'Atlantide*, le premier marquis de Comillas, don Antonio Lopez[4]. Cette influence n'avait fait que se développer, s'affermir, lorsque des deuils successifs étaient venus frapper cette famille & avaient permis au poète de se montrer ami dévoué jusqu'à l'abnégation, admirable consolateur & soutien de ceux qui pleuraient de vraies larmes sur

1. Le pape Léon XIII lui offre une belle médaille, lui parle avec éloge de *l'Atlantide* & le prie de lui envoyer cette *fleur de sa jeunesse*.

2. L'empereur du Brésil, Pierre d'Alcantara, lui rend visite à Barcelone. Le 19 juin 1896, il recevait également la visite de S. A. R. Louis, archiduc d'Autriche, qui lui avait primitivement envoyé deux splendides volumes de ses œuvres illustrés de sa main.

3. En 1896, dans la 4ᵉ livraison de la *Revue des Pyrénées*, nous relations cette persécution & en faisions pressentir la fin.

4. Le seigneur Lopez, en vrai Mécène, fit imprimer *l'Atlantide* à ses frais ; il se chargea & chargea sa famille de l'avenir du poète, en lui confiant le poste délicat d'*aumônier* de sa maison.

de chers êtres disparus [1]. On lui aurait peut-être pardonné
son titre de consolateur si à ce titre il n'avait joint celui de
distributeur de princières aumônes qu'il répartissait à sa guise
avec une conscience insoupçonnée jusque-là.

Une puissance occulte attaquait sourdement son désintéressement, l'accusait de prodigalité, prétendait qu'il ruinerait
Golconde sous prétexte de charité, qu'il s'était fait une *barbe
d'or* [2] avec l'argent des pauvres. Toujours à l'abri des *on dit*,
on le traitait de spirite, de rêveur de réformes religieuses,
d'illuminé, de possédé que l'Inquisition n'eût pas épargné
jadis. Son génie n'était qu'illusoire ; son succès, que le produit
d'une coterie ; son œuvre, qu'un trompe-l'œil, d'une ortho-
doxie plus que douteuse. L'homme, le prêtre, le poète, étaient
ainsi flétris à la fois. Le malheureux ne parvenait pas à
s'expliquer certaines attitudes qui le blessaient & dont il souf-
frait sans qu'il lui fût possible de deviner les causes de sa
souffrance.

Ces insinuations déloyales parties on ne savait d'où n'avaient
pu encore ébranler la confiance du jeune marquis. Mais là
où son père, don Antonio Lopez, aurait pris en main la
cause de son protégé & aurait laissé ces calomnies s'épuiser,
tomber d'elles-mêmes, il écoutait, il hésitait, sans se rendre
compte si ces hésitations étaient ou non injustes & coupables.
On fit évanouir ses derniers scrupules en dénaturant les con-
seils que l'aumônier donnait à la marquise dans une lettre
dont il avait pris heureusement copie & où il faisait une poi-
gnante peinture *de la triste situation des classes déshéritées.*
Cette lettre — nous en avons la traduction sous les yeux —
est un modèle de charité & de sagesse. Il y montrait *les mau-
vaises herbes de l'anarchie & du socialisme* qui se propageaient

---

1. Le jeune marquis avait vu successivement mourir son frère aîné,
une sœur nouvellement mariée & son père, le seigneur Lopez, que cette
double épreuve avait trop tôt conduit à la tombe (1883). En 1888,
M. de Comillas & sa jeune femme avaient été attachés à la cour après
la visite à Barcelone de la reine-régente Marie-Christine.

2. Défense de Verdaguer présentée par lui-même. En sortant de
cette maison, il était plus pauvre que lorsqu'il y était entré par suite
des dettes contractées pour son service & restées impayées jusque-là.

de tous côtés avec une rapidité effrayante & menaçaient de s'étendre *comme tache d'huile,* de *couvrir peu à peu & de stériliser le champ des pauvres avec les ruines des palais des riches.*

« Vous êtes jeune & active, concluait-il, vous trouverez dans l'exercice de la charité un travail digne de votre activité & de votre jeunesse. Dieu ne vous a pas donné de fils pour que vous deveniez la mère des pauvres... » Et comme il n'y a pas de meilleur prédicateur que le bon exemple, il exaltait en poète la haute mission qu'elle était à même de remplir en se consacrant, *autant que sa position pouvait le lui permettre,* à la vie de charité vers laquelle l'entraînait son cœur.

Ce zèle apostolique, commenté d'une façon perfide, acheva de perdre le pauvre abbé dans l'esprit du marquis. A partir de ce moment, il *sentit* son crédit ébranlé & en éprouva un inexplicable malaise. Mais confiant dans sa dignité, ne sachant quel reproche on pourrait lui adresser, il ne tenta rien pour transformer une situation devenue pénible, & attendit les événements qui ne pouvaient & ne devaient, pensait-il, que lui être favorables. Si M. de Comillas était las de ses services, s'il voulait accorder à un autre le poste que depuis si longtemps il occupait dans sa maison sans l'avoir sollicité, il le lui retirerait certainement avec la déférence courtoise qui lui était due. A quoi bon, dans ce cas, provoquer une explication qu'en apparence rien n'aurait motivée? Le marquis garda le silence.

VII.

A Jésus couronné d'épines.

Tel est le titre d'une petite pièce de vers écrite pendant la semaine sainte de 1893 (la semaine des Sept-Douleurs de Marie), sous l'impression de pressentiments que Verdaguer se refusait à définir & qui néanmoins le faisaient souffrir dans les replis les plus cachés, les plus délicats de son être. Cette poésie, origine d'un livre incomparable : *les Fleurs du Calvaire,* en voici dans leur intégrité l'original & la traduction :

<table>
<tr><td>

A JESÚS CORONAT D'ESPINES.

Venite, adoremus.

I.

Jo dels misteris del sant rosari
sempre granejo los de dolor;
y á cullir roses vaig al Calvari;
¡no les merexo les del Thabor!

II.

Dau les corones à qui les vulla,
les de la terra s'han de marcir;
jo'n vull una altra que'l vent no esfulla
més ab la vostra la haig de texir!

III.

¿La poesia que m'heu dexada
voleu llevarme de brot en brot?
¿Voleu la lira que he tant aymada?
Preneu ab ella mon cor y tot.

IV.

Donau als altres honor y gloria,
à mi'ls oprobis, burla y menyspreu :
no vull la palma sens la victoria :
Ma palma sia la vostra Creu.

V.

Dau à altres llavis vostres oracles,
vostra ciencia dau à altres fronts;
à má més pura vostres miracles,
jo més m'estima vostres afronts.

VI.

Donau als pobres vostra riquesa,
donau als tristos vostre somris;
mostrau als cegos vostra bellesa,
dolça bestrete del paradis.

VII.

Sian les vostres olors divines
per qui vos haja robat lo cor;
jo sols demano vostres espines,
¡oh Rosa vera del meu amor!

</td><td>

A JÉSUS COURONNÉ D'ÉPINES.

Venite, adoremus.

I.

Des mystères du saint rosaire,
moi, j'égrène toujours les douloureux;
je vais cueillir des roses au Calvaire,
n'étant pas digne de celles du Thabor.

II.

Donnez les couronnes à qui les désire :
celles de la terre sont destinées à se fletrir.
Moi, j'en veux une qu'aucun vent n'effeuille;
mais je dois la tresser avec la vôtre.

III.

La poésie que vous m'avez prêtée,
voulez-vous me la reprendre brin à brin?
Voulez-vous la lyre que j'ai tant aimée?
Prenez avec elle mon cœur et mon tout.

IV.

Donnez aux autres honneurs et gloire,
à moi les opprobres, les moqueries et le mépris.
Je ne veux point la palme sans la victoire,
et que ma palme soit votre croix.

V.

Donnez vos oracles à d'autres lèvres;
donnez votre science à d'autres fronts;
donnez à des mains plus pures vos miracles,
moi, j'aime mieux partager vos affronts.

VI.

Donnez aux pauvres votre richesse;
donnez votre doux sourire aux affligés;
montrez aux aveugles votre beauté,
comme avant-goût suave du paradis.

VII.

Que vos aromes divins soient réservés
à celui qui vous aura ravi le cœur;
moi, je ne demande que vos épines,
ô Rose vraie, Rose de mon amour[1] !

</td></tr>
</table>

Dans ces sept strophes, « peut-être avec plus de sentiment
& de poétique impression que d'envie réelle de souffrir pour
Jésus-Christ, dit-il, je lui demandais *opprobres, moqueries &*

1. Traduction de M. Justin Pépratx.

mépris; mais, à la vérité, je ne savais guère de quelle couleur étaient vêtus, ni quelle figure avaient ces peu séduisants ministres de la divine miséricorde; &, d'autre part, je ne me doutais pas qu'ils vinssent sitôt me visiter, ni qu'ils fussent si prompts à me présenter leur calice d'amertume...

« De même que l'ami en amène un autre, de même les premières contrariétés enseignèrent le chemin aux nouvelles; & il en vint frapper à ma porte tant & de telle nature que, fermant les yeux & cessant d'en avoir peur, j'essayai, pour m'en consoler, de convertir mes peines en chansons, puisque le premier essai m'avait réussi : *Qui chante dissipe ses chagrins.* Depuis lors, à chaque contrariété qui venait me donner de l'ennui, je le lui faisais payer par une tirade de vers. Comme un naturaliste dans la forêt, de tout arbre je faisais du bois, & de tout bois je faisais mon fagot[1]... »

Mais n'anticipons pas. Les ennemis du poète travaillaient dans l'ombre à lui enlever jusqu'à son embarrassante notoriété, à le perdre aux yeux du public comme ils l'avaient perdu aux yeux du marquis, à attribuer la splendeur de sa gloire à l'influence des Lopez & non à son incontestable génie. *Calomniez, il en restera toujours quelque chose.* La calomnie était si habilement ourdie qu'elle ressemblait plus à une incontestable vérité qu'à un tissu d'odieux mensonges.

En mai 1893, au sortir de la fête des jeux floraux barcelonais, devait éclater la conjuration qui, depuis quelque temps, menaçait sourdement Verdaguer. La marquise douairière de Comillas avait, ce jour-là, réuni à sa table quelques personnages de marque, tels que l'évêque de Vich & le capoulié du félibrige, M. Félix Gras, grand admirateur du poète. Celui-ci paraissait être l'élu de cette fête. C'est à qui lui prodiguerait l'encens le plus flatteur, l'intérêt le plus tendre, à qui se préoccuperait de sa santé, à qui lui proposerait un repos, devenu, prétendait-on, nécessaire. Quel cordial serait pour lui l'air des montagnes natales ! Comme son cerveau & son corps surmenés par de trop violents exercices se retremperaient au sein de cette grandiose & calme nature, de même qu'autrefois ils s'étaient

---

1. Prologue des *Fleurs du Calvaire.* Traduction de M. Justin Pépratx.

vivifiés sur le vaste Océan ! L'évêque de Vich, circonvenu ainsi que d'autres l'étaient ou allaient l'être, approuvait du regard, de la voix, pressait le poète de partir, & lui offrait, *pour quelques mois*, une chambre dans son palais épiscopal.

Ce repos forcé, dont il n'éprouvait nul besoin, ne souriait guère à l'aumônier. Devant son hésitation, les sollicitations se firent pressantes. Il devait le sacrifice de cette retraite momentanée à son avenir poétique autant qu'à la sollicitude inquiète de ses amis. Chacun s'employa si bien à le persuader, que le lendemain, bon gré, mal gré, un simple sac de voyage à la main, il prenait le train de Vich, sans se douter qu'il se dirigeait vers l'exil, & que son départ, aussitôt qualifié de fuite, allait accentuer les suppositions malveillantes qui circulaient déjà en une rumeur venue on ne sait d'où, que rien n'arrête, & permettre à ses ennemis de lancer contre lui les plus pénibles insultes. Il partait, donc il était coupable. Coupable de quoi? Les conjectures allaient bon train. S'il fuyait la maison hospitalière des Comillas comme on fuit son péché, c'est qu'il en était chassé & qu'en lui la banqueroute de l'honneur était complète.

En sortant de Barcelone, le malheureux avait le cœur angoissé. Il lui semblait qu'il venait de boire un grand verre d'amertume sans parvenir à y puiser la moindre goutte de joie. Pourquoi l'intérêt qu'on avait paru lui témoigner lui avait-il fait l'impression d'une profonde blessure? Pourquoi tant de cajoleries, une commisération d'apparence si franche? Pourquoi lui imposer presque, sans en avoir l'air, un arrêt dans ses travaux ?

Ces questions se posaient une à une à son esprit endolori. Trop loyal pour soupçonner chez les autres la moindre duplicité, il s'accusait des pensées qui l'assaillaient au souvenir de ce qui s'était passé la veille chez la douairière. Dans cette réunion, nul n'avait intérêt à lui voir quitter Barcelone. Alors qui les obligeait tous à le traiter en malade? Malade, il ne l'était pas. Fatigué! Heureuse fatigue que celle du devoir accompli! Les confessions, l'hôpital, les pauvres, les infirmes, les malheureux de toute sorte, les travaux littéraires, n'était-ce pas son pain de vie? S'en exiler, le pouvait-il?. N'aurait-il pas dû résister plus vigoureusement aux insinuations des uns, aux exhortations des autres, à la pressante invitation de l'évêque de Vich? En cédant, n'avait-il pas été lâche?

Le train qui l'emportait filait vers la montagne. Pour la première fois, l'aspect familier des paysages entrevus le laissait indifférent. Il était comme un mathémacien qui cherche en vain la solution d'un aride problème & s'absorbe dans sa re·cherche au point de s'isoler du monde extérieur.

A peine installé au palais épiscopal, il comprit la situation qui lui était faite & se hâta de se réfugier dans le sanctuaire de Notre-Dame-de-la-Glève. Il demanda alors à la poésie l'oubli de ses peines. Et, exilé comme elle par la plus imméritée des persécutions, il suivit pas à pas sur la terre d'Egypte l'adorable famille que poursuivait la haine d'Hérode. Mais que d'épines sur son chemin! Stupéfait d'en sentir les cruelles piqûres, se demandant jusqu'où irait la mauvaise foi, la méchanceté de ses ennemis, il posait souvent la plume, &, ne trouvant plus où arrêter ses regards sur la terre, il levait les yeux au ciel pour y découvrir une consolation qui ne venait pas.

Mais bientôt sa pensée prit un vol plus haut, la muse l'emporta sur la désespérance, il composa les *Fleurs du Calvaire*, ce bouquet destiné aux âmes affligées. Il mettait ainsi en pratique cette maxime de l'Ecclésiastique (VII, 33) : *Ne manquez pas à consoler ceux qui sont dans la tristesse & pleurez avec ceux qui pleurent.*

Il a gerbé ces fleurs *en trois tas : Crucifères, Délassements* & *Fleurs cueillies à Mira-Crux.* « Le premier tas comprend les poésies ou douceurs de la Croix, de peu de strophes, un peu au goût du jour; le second, les plus complètes & les plus arrondies, en même temps que les plus variées, comme le dit son titre; & le dernier, les strophes courantes & toutes simples, les adages spirituels & symboliques de la Croix, comparables à des violettes & à des fleurs de carême desséchées entre les feuillets d'un bréviaire[1]. »

Il donna à cette troisième série le nom castillan de Mira-

1. *Les Fleurs du Calvaire.* Prologue.

Crux parce que, durant l'été de 1892, il en avait ramassé les premières fleurs dans les bois & les jardins du couvent de ce nom [1] pour une personne malade, morte depuis. Il allait en cueillir bien d'autres sur le chemin du Golgotha qu'il commençait à gravir, &, en les cueillant, il devait trouver la résignation, le renoncement, l'humilité, *l'abnégation, le mépris de la guenille humaine, la passion du sacrifice & de l'anéantissement en Dieu* [2]. Il offrit le fruit de ses méditations & de ses veilles à ceux que l'infortune accable, & donna à son recueil le soustitre de *Livre de consolation*.

Verdaguer, d'abord apeuré & tremblant devant les tribulations dont l'accablent, toujours dans l'ombre, ses implacables ennemis, s'élève peu à peu à la hauteur de saint François d'Assise qui qualifie du nom de sœurs les maladies & les souffrances; à la hauteur aussi de Raymond Lulle qui trouve les railleries plus agréables que les honneurs, les pleurs & les soupirs plus délicieux que la vie & que la joie. A l'exemple de sainte Thérèse, il récolte abondamment peines & misères sans en laisser tomber un épi & déclare à son tour qu'il ne les donnerait pas pour tous les trésors de la terre. Sans doute, il pousse, quand il n'en peut plus, des cris de douleur & d'angoisse, mais il ne sombre jamais dans les flots amers d'une fatale désespérance. Il ne traîne pas sa Croix dans l'horrible montée du Calvaire, il la porte en répétant cette parole de saint Bernard : « La gloire du ciel est cachée dans la tribulation comme la fleur dans la graine. » Il gravit ainsi *l'échelle divine des béatitudes* & essaie de faire descendre, pour lui & pour ceux qui souffrent dans cette vallée de larmes, les célestes félicités.

1. Dans ce couvent, situé à l'est de Saint-Sébastien, la Croix a voulu établir son domaine. Elle semble dire aux passants :

La Croix est toujours prête et toujours nous attend.

Grande ou petite, elle s'étale sur le vêtement des religieuses, sur les autels, sur le pavé du temple, sur les grilles, sur les moindres moulures des murs, sur les vitraux, sur la stalle de l'abbesse, dans l'église, hors de l'église, partout.

2. Lettre-préface des *Fleurs du Calvaire* adressée au traducteur, M. Justin Pépratx, par M. Frédéric Donnadieu.

Dans son livre, comme au couvent de Mira-Crux, la Croix est partout. Le poète en fait une *harpe royale* d'où jaillissent des chants sacrés, d'où sortent des *stances rapides comme les oiseaux de leur nid, en battant des ailes.*

> Brolleuno, cançons,
> sortiune, corrandes,
> com aucells del niu
> tot batent les ales,
> y al pobre exilat
> parleu de la patria[1].

Il écrit aussi avec le sang du cœur, sous la dictée de la plus profonde détresse morale, au souffle d'une persécution mortelle, des pages inimitables & sublimes qui font découvrir en lui deux poètes à part le poète épique : le poète mystique déjà connu & le poète *lyrique de la plus profonde intimité qui se puisse trouver, au moins aussi grand que Heine, Lamartine, Hugo, Musset*[2]. Son livre *est un livre extraordinaire né d'une douleur extraordinaire. Il brille comme un soleil au ciel* de l'œuvre entière & ne peut se comparer à aucun de ceux qui, dans ce même genre, ont paru jusqu'à ce jour.

Jésus demandait à son Père de pardonner à ses bourreaux parce qu'ils ne savaient pas ce qu'ils faisaient. Verdaguer fait la même prière, a les mêmes sentiments de compassion & de pardon envers ses persécuteurs. *Les traits qu'on* lui *lance ne trouvent plus de place à frapper*[3]. Qu'importe ! Il chante encore & toujours en vrai fiancé de la Croix. La poésie qui jaillissait de ses lèvres aux jours de l'allégresse, en jaillit avec autant d'abondance au soir de l'affliction. On aura beau l'accabler d'outrages, inventer des calomnies nouvelles, le dépouiller de tout, même d'une gloire vaillamment conquise, on l'entendra toujours murmurer ce mot : FIAT VOLUNTAS TUA. Oh ! les douces, les tristes, les consolantes choses que lui inspire l'état dans lequel ses ennemis l'ont précipité ! Impossible d'égrener le magnifique collier de perles que composent les *Fleurs du Cal-*

---

1. *Fleurs du Calvaire.* LA HARPE.
2. *Verdaguer revindicat,* J. Aladern.
3. Les *Fleurs du Calvaire.* Crucifères.

vaire. Pas une strophe qui n'émeuve, qui ne charme, qui n'attire l'attention, qui ne prouve cette parole de Lamartine : « Il y a plus de poésie dans une larme que dans toutes les bibliothèques réunies. » On boit des *gouttes de baume* dans le *calice d'or* où le poète a si souvent puisé l'inspiration. Ce calice où s'étanchait la soif qui embrasait son âme, les hommes le lui ont pris. Ils voudraient aussi lui prendre sa *harpe d'or & d'argent, écho des harpes du ciel, l'amour de* ses *ieunes ans, la compagne de* sa *vieillesse, l'épouse de* son *cœur, la sœur de* son *âme.* Il soupire :

> Gardez le calice d'or,
> Mais laissez-moi la harpe.
> Permettez-moi d'en jouer
> Prosterné aux pieds de l'autel[1].

Cette petite pièce est exquise & d'une grâce infinie.

Il n'en est pas de plus parfaite que celle ayant pour titre : SUM VERMIS. Nulle créature humaine n'a, dans l'adversité, élevé son esprit à cette hauteur vertigineuse, n'a fait entendre semblables cris de douleur & de renoncement. *Sum vermis & non homo!* Le poète s'anéantit dans *les angoisses du martyre,* sous *les lauriers & les palmes du Calvaire.* Il se fait humble & petit : Mon *berceau,* dit-il, *fut un grain de poussière, un autre grain de poussière sera mon sépulcre.* Il s'écrie :

> Je veux être jeté comme une balayure
> Du palais à la rue, de la plus haute cime
> Au bas-fond, &, du bas-fond au torrent.
> Balayez la trace de mes pas sur les hauteurs;
> Je n'y gênerai plus. La pauvreté
> Sera mon trésor; l'opprobre,
> Mon orgueil; les peines, mes délices...

Et plus loin, songeant à ses tribulations :

> Epine de la douleur viens me poindre;
> Injure, hâte-toi de me couvrir de ton manteau;
> Calomnie, entasse tes boues autour de moi;
> Misère, viens à ma suite porter ma traîne.
> Je veux être un grain de sable de l'ornière
> Où les passants me fouleront aux pieds.

---

1. *Fleurs du Calvaire. Délassements.* LE CALICE & LA HARPE.

M. J. Aladern déclare[1], & beaucoup d'autres avec lui, que
rien d'aussi puissant n'a été écrit en catalan, que l'auteur du
livre de Job & de Jérémie n'a point fait rendre à sa lyre
des accents d'un sentiment plus profond, que jamais âme plus
grande n'a incarné la grandeur biblique. Il déplore, avec un
périodique français, *le crime de lèse-poésie* qui fut commis au
fameux dîner de la marquise douairière de Comillas, & que,
pour sa honte, sa patrie *n'a pas su venger.*

A ce *crime de lèse-poésie* se joint un crime de *lèse-humanité.
La tempête horrible qui ploie* la *tête* du pauvre abbé & lui *dé-
pouille le cœur, la hache inexorable qui fait de* lui *du bois pour
le feu*, la malveillance toujours prête à l'offense, les affronts
& les propos injurieux, l'abondance d'autrefois, l'indigence
d'aujourd'hui, les traits lancés par des mains qui se cachent, les
baisers de Judas, rien ne parvient à faire naître en lui un sentiment de vengeance ou de haine. S'il s'affaisse sous le poids
de la croix dont on a chargé ses épaules, personne pour en
partager la charge. D'un mot, ses ennemis l'ont rayé du
monde : *Está loco!* Et ce mot vole de bouche en bouche de
Barcelone à Madrid, de Madrid à Valence, d'un bout de l'Espagne à l'autre. Ainsi ses ennemis, devenus *monsieur tout le
monde*, essaient d'expliquer & de travestir l'odieuse persécution
dont il est l'objet. Aux yeux du public, il n'est plus qu'un malheureux inconscient dont on doit se méfier, sa folie pouvant
devenir dangereuse. Il ne peut faire un pas sans être poursuivi
par cette épithète menteuse : le fou, voilà le fou! Femmes,
enfants, vieillards, c'est à qui proclamera cette déchéance, à
qui la lui fera sentir.

Il se tâtait le front, il auscultait sa pensée, il parcourait les
feuillets épars de ses productions pour s'assurer si les ténèbres
de cette folie dans laquelle on cherchait à l'ensevelir laissaient
son esprit bien portant, & le découvrait plus vibrant peut-être
sous l'acuité de la souffrance qui exaltait sa foi & lui donnait
des visions divines. S'il réclamait parfois au ciel un peu de cette
justice dont il avait soif : *Sitio!*, nul n'entendait ou ne voulait
entendre ce cri déchirant arraché à ses entrailles. Tout semblait

1. *Verdaguer revindicat.*

l'abandonner. Pas une main tendue pour le secourir, pas un mot de consolation. En vain, il répétait l'ultime plainte du Maître : *Eli, Eli lamma Sabacthani.* Parents, disciples, amis s'enveloppaient de silence ou d'indifférence, le laissaient, sans protestation, livré aux plus criminelles entreprises, à des outrages sans nom.

On lui avait tout enlevé, même ses livres, & rien du dehors n'arrivait à lui que l'écho de la terrible flétrissure qui le condamnait au néant, comme une guenille, sans lui laisser le moindre espoir de secours.

La persécution dont il était la triste victime, usait, pour en finir plus vite, des plus cruels raffinements, ne lui laissait ni repos, ni trêve, serrait jusqu'à l'étouffement son collier de misère.

Le gouverneur de Barcelone, trompé comme tant d'autres, le traitait en être dangereux ou malfaisant, le faisait garder à vue par la police. Son évêque lui envoyait une cédule d'admission dans un hôpital destiné aux prêtres malades, &, par un arrêt difficile à expliquer puisque aucune mesure disciplinaire n'avait frappé le malheureux, il lui enlevait la licence *in divinis* s'il quittait Vich pour Barcelone. C'était l'exil ou l'internat à vie. Ces dernières gouttes de fiel firent déborder le calice d'amertume. Désormais le pauvre proscrit aurait cru s'avouer coupable ou réellement dépourvu de raison en ne protestant pas contre l'iniquité des jugements qui, sans procès, le rayaient du monde.

Pour reconquérir une liberté qui était son bien, que nul n'avait le droit de lui enlever, il fut obligé de s'enfuir de *la Gleva,* comme un prisonnier qui s'évade, après deux ans de cet incroyable martyre.

Désobéissait-il à l'évêque diocésain en mettant à exécution ce projet? Non, car il s'était rendu à Vich à la suite de sollicitations qui étaient loin de ressembler à un ordre de supérieur à subordonné. Traqué, poursuivi, insulté, méconnaissable, exténué, atteint dans toutes les sources vitales, il arriva enfin à Barcelone pour réclamer justice & non vengeance. Vengeance de qui? Ceux qui avaient déchaîné contre lui cette *noire tempête* n'avaient-ils pas gardé le masque, l'anonyme?

Que lui importait de savoir leur nom, alors qu'il n'avait pour eux que des mots de pardon & d'oubli, & pas le moindre cri d'indignation ou de colère. Il lui aurait répugné d'accuser, mais il se faisait un tardif devoir de se défendre.

La vérité allait éclater au grand jour grâce à quelques amis reconquis ou restés fidèles. Le gouverneur civil, revenu de son erreur, s'empressa de désarmer. Le corps médical de Barcelone[1], après examen préalable, déclara fausse l'assertion d'un nouveau docteur Sangrado, largement payé, c'est probable, pour certifier que le poète était atteint du *délire des persécutions*. La presse entière, sans distinction de partis, révéla au public l'infamie, les dessous, les honteux mobiles de cette campagne dans plus de soixante-dix journaux ou revues. Le frère de la marquise douairière de Comillas, don Francisco Brú, dans une brochure toute à la louange de l'abbé dont il vantait la délicatesse & le désintéressement, faisait la lumière sur une foule de choses intimes qui expliquaient certaines attitudes & détruisaient un à un les bruits mensongers répandus de tous côtés avec une infernale adresse. Verdaguer, à son tour, plaidait ouvertement sa cause, & avec une énergie qu'on ne lui soupçonnait pas après la longue patience dont il avait donné les preuves, luttait contre l'habileté, le prestige, les secrètes influences mis au service de la diffamation & de l'imposture. Mais la mauvaise foi des persécuteurs ne paraissait pas devoir capituler de sitôt. Ils ne voulaient pas reculer dans la voie scélérate où, sciemment, ils s'étaient engagés, car reculer c'était avouer leur défaite, & si le poète & l'homme commençaient à échapper à leurs étreintes de fer, à secouer leur joug odieux, il n'était pas encore permis au prêtre de revendiquer sa place à l'autel.

L'histoire de Verdaguer est l'histoire éternelle de beaucoup d'hommes de génie. Malgré l'exil, les injustices, les tribulations, la détresse physique & morale, sa raison aussi bien que son intelligence a gardé une continuelle lucidité.

Les différents travaux composés à *la Gleva* prouvent sans

1. Dans *la Independencia médica* & autres journaux périodiques, on peut lire des protestations indignées.

conteste que les années passées en ce sanctuaire ne sont pas
des années stériles. La *Fuite en Egypte*, le *Rosier de toute l'année*, le *Poème de saint François*, les *Fleurs du Calvaire*, autant
de productions géniales d'une souplesse de pensée, d'une forme
toujours magistrale, d'une mélodie pleine d'aisance. Un souffle nouveau anime cet esprit fécond. La douleur & la croix
qui pèsent sur son épaule se transforment en une harpe gigantesque où tour à tour chante, gémit ou implore l'humanité
défaillante. Dans ces vers puissants & doux, l'idée ne cesse
d'être nette & vive, le mot définitif n'a pas besoin d'appel,
l'inspiration reste jaillissante & féconde, les rythmes sont
aussi harmonieux que variés. Le *Rosier de toute l'année* est
un bouquet de roses très odorantes que le poète offre chaque
jour à Marie. « Comme les roses d'un rosier, toutes sont réunies, ou plus grosses ou plus petites, toutes fleurent même-
ment & sont également belles[1]..... » Verdaguer avait écrit les
premières pièces de ces *pensaments* quand il commençait à
sentir autour de lui la froideur & la persécution dissimulées,
quand il commençait à douter des sentiments chrétiens de la
génération moderne si peu en rapport avec les préceptes du
Christ. Il s'écriait alors :

> Pobre Jesús! ¿qui canta vostra gloria?
> Perla del Cel, ¿qui us guarda dins son pil?
> perden de voi los homes la memoria,
> per companyó vos dexan sols l'oblit.

Ici, le christianisme le plus pur l'attire. Là, il paraphrase
cette maxime évangélique si égalitaire que les sociologues de
nos jours formulent si différemment & que n'admet guère
notre société matérialiste, dont un égoïsme si féroce lui fait
accorder tout aux siens & dépouiller sans pitié les autres[2].

> Mireu los lliris com crexen
>   à vora 'l riu,
> ells no filan pas la roba
>   del seu vestit,

1. M. J. Aladern.
2. *Ibid.*

> ells no cullen pas ses **perles**
> ni son or fi
> y ni Salomó en sa gloria,
> va tan bonich.

Les gracieuses, les odorantes fleurs! On voudrait pouvoir les cueillir toutes ou au moins en glaner quelques-unes comme Ruth au champ de Boos glanait les épis tombés des gerbes des moissonneurs. Mais *le poème de saint François* nous arrache à ce vif plaisir, ce poème dont Verdaguer annonçait la publication sur la couverture du fascicule où il présentait sa *défense*, & qui prouve, si l'on en doutait encore, l'état mental de l'auteur, son admirable & saine organisation, son irréfutable logique jamais en désaccord avec ses principes & ses actes. Il avait préludé à ces chants au printemps de son existence [1], il devait les compléter, mêler aux pieuses légendes les doctrines consolatrices à l'heure de l'abandon & de l'exil.

Toutes les beautés littéraires se trouvent réunies dans ce livre. « Les vers y vont coulant comme une fontaine de miel, avec une douceur, une suavité incomparables. » Sa plume est une véritable magicienne. Ne dirait-on pas que, pour le chanter, il a pris la mystique figure de saint François, de cet apôtre de l'amour, de cet évangéliste de la pauvreté & du mépris de soi, de ce saint que *Renan place* pour son œuvre *près de Jésus-Christ* [2]. Le fondateur de l'ordre des Frères-Mineurs était bien fait pour enflammer l'imagination & guider l'inspiration de Verdaguer. Comme le moine bénédictin, trahi par ses frères, dénigré par ses amis, poursuivi en homme qui essaie d'échapper à la justice, combattant comme lui la fausse sagesse du monde par *la folie de la croix*, Verdaguer était le poète par

1. Nous avons dit au début de cette étude que la légende : *Où saint François se mourait*, lui avait valu une Violette aux Jeux Floraux de Barcelone. D'après cette légende, le patriarche d'Assise, parcourant la plaine de Vich, fut aperçu absorbé dans la prière, les bras en croix & comme défaillant d'amour. Un paysan lui donna à boire un peu d'eau de son puits, connu dès lors sous le nom de *puits de la vie* ; après quoi, il éleva au milieu du bois de chênes verts où il avait trouvé saint François un modeste oratoire en l'honneur du saint moine & de son vivant (1225).

2. M.-J. Aladern.

excellence destiné, sans provoquer les railleries des libres-pen-
seurs & des athées, à traduire cet autre poète avec son âme
mystique de croyant, de martyr & de saint. Aussi répéterons-
nous après le savant Aladern : « Catalogne, agenouille-toi devant ce génie ! »

Tels sont les documents que le persécuté mettait au service
de sa cause. Les admirateurs, les amis y ajoutaient un large
tribut d'appréciations louangeuses. De Paris, M. Et. Cornut
reconnaissait qu'en Verdaguer *le prêtre est encore plus remarquable que l'écrivain* & que *l'homme dépasse le livre*.

D'Avignon, M. Félix Gras écrivait : « Mon cher grand
poète, je suis avec vous l'ascension du Calvaire, je pleure
toutes vos larmes, je bois l'amertume de votre calice, je souf-
fre toutes les douleurs de votre flagellation & de votre couronne d'épines. Que ne suis-je le Cyrénéen pour porter votre
croix ! »

Dans une autre lettre datée du 20 décembre 1895, le Capoulié du félibrige déclare qu'il n'a jamais cru que le génie
du poète ait pu défaillir, que l'humble chrétien qu'il connaissait bien se fût converti en un vulgaire & orgueilleux révolté.
Après avoir exposé les qualités dont on a cherché à faire un
crime au pauvre abbé, il ajoute que Dieu n'a pas voulu que
soit souillée la fleur de son innocence, que soit éclipsé pour
toujours son génie. Il lui a inspiré le *poème de saint François*
pour accabler de honte ses *misérables blasphémateurs*.

M. Justin Pépratx écrit à son tour qu'on voit clairement
que la persécution dont est victime son ami s'adresse moins à
lui qu'à la cause catalane, que s'il n'avait écrit en catalan,
l'*Atlantide* & *le Canigou*, on ne lui aurait pas fait une aussi
cruelle guerre. Il se souvient toujours des paroles prononcées
devant lui par la jeune marquise : « Il est regrettable, — elle
s'adressait à Verdaguer, — que vous n'ayez pas fait votre
Atlantide en langue castillane. » A sa disgrâce, ajoute-t-il, il
peut y avoir d'autres motifs, celui-ci est le principal. Mais ceux
qui liront ses *Fleurs du Calvaire*, s'ils les comprennent, feront
taire ses calomniateurs.

Appréciation enthousiaste de MM. Frédéric Donnadieu,
Ramón Masifern, Roca y Roca, du frère Exupère, *de Prats*

de Molo, ex-provincial, ex-procureur général de l'ordre des
Capucins, de Joseph Bodria (de Valence), d'Antonio Gomez
Restrepo, secrétaire de la légation de Colombie à Madrid, de
Frédéric Mistral, le plus grand, le plus autorisé de tous, qui
annonce la publication des *Fleurs du Calvaire* où mystique-
ment, dit-il, Verdaguer chante les épreuves qui depuis quelques années ont enveloppé d'épines sa gloire. Il ne croit pas,
conclut-il, que jamais la religion du Christ ait inspiré d'accents plus chrétiens, plus amoureux de la Croix... M. Roque-
Ferrier, président du Félibrige latin, envoie une lettre d'ami au
poète, déplore les machinations ourdies contre lui, honore ses
défenseurs, & ajoute que ce serait une ignominie pour la Catalogne & pour l'Espagne si cette persécution ne prenait point
fin. Il lui adresse la protestation de ses amis de Montpellier, &
déclare que les couronnes d'épines sont celles qui ennoblissent
les hommes, que la poésie chrétienne est aussi une couronne,
que son poème de saint François *ne peut donner meilleure
riposte à ceux qui lui ont fait boire du fiel & du vinaigre.*
M. Paul Mariéton ne reste pas en arrière. Personne n'a jamais
chanté, dit-il, *avec un lyrisme aussi délicieux*, le *poète des
saints* (saint François). Nul comme lui ne pouvait *le comprendre & le faire estimer.* C'est à travers son âme que Verdaguer
a vu le patriarche d'Assise. Suit l'éloge des *Fleurs du Calvaire*
& de *Jésus Enfant.* Mêmes louanges de M. le baron de Tour-
toulon dans la *Revue du monde latin;* de M. Adolfo Sienra,
dans *El bien* de Montévidéo, du Félibrige tout entier. C'est à
qui célébrera le poète. De cette gerbe fleurie, il serait trop
long de détacher les tiges les plus parfumées. Qu'il nous suffise
de savoir que ces parfums ont été pour le poète aussi doux que
la plus douce caresse, qu'ils se seraient transformés en baume
souverain si les blessures dont saignait tout son être avaient
été guérissables.

Pour solenniser la demi-victoire qui avait obligé les ennemis de mossen Cinto [1] (pas tous, hélas!) à mettre bas les
armes, car ils étaient désormais impuissants à résister à l'opinion qui les condamnait, une fête fut donnée à Barcelone, le

1. On l'appelait ainsi avec une familiarité toujours respectueuse.

3 octobre 1896, par une pléiade de poètes, d'artistes, de défenseurs & d'amis, heureux de s'associer comme il convenait à cet acte de tardive justice. Le persécuté d'hier fut loué & chanté en vers aussi bien qu'en prose par les voix les plus réputées de la Péninsule. Jamais hommages plus complets, plus sincères, enthousiasme plus éloquent, plus général. C'était le Thabor après le Golgotha, c'était, avant le temps, une sorte de canonisation littéraire & réparatrice.

Les organisateurs de cette fête étaient : MM. *Ignasi Iglesias, Pera Pena, Ignasi Trullás Aulet, Isidor Martinez* & *E. Vild*. Biographie, protestations, poésies charmantes en l'honneur du poète, chants divers, monologues, comédie, lecture de *la Cigale* & *Pourquoi chantent les mères*, de mossen Cinto, tel est en résumé le magnifique programme de cette réunion inoubliable dans laquelle la partie concertante ne fut pas négligée [1].

Si les détracteurs de Verdaguer avaient pu assister à cette soirée, entendre ce concert d'éloges, ils auraient compris que leurs déloyales manœuvres n'avaient servi & ne servaient encore qu'à ajouter un nouveau fleuron à la couronne poétique de leur inoffensive victime. Malheureusement, cette triste victime sortait de la lutte l'âme & le corps brisés, sans aucune ressource & avec le violent souci de savoir encore impayées les dettes contractées par leur aumônier pour le service des Comillas. En vain il avait fait à ce sujet un véhément appel à la raison, au cœur du jeune marquis, il lui avait révélé ses misères. Point de réponse. Ce silence n'avait pas été un de ses moindres chagrins, une de ses déceptions les plus pénibles. Confiant en la Providence, heureux des témoignages de sympathie qui lui venaient de toutes parts, du réveil de l'opinion qui, par une sorte de suffrage universel, essayait de lui rendre sa place au soleil, il espérait que ses calomniateurs seraient impuissants à arrêter un pareil élan & renonceraient à s'entêter dans la diffamation & le mensonge. Pauvre mossen

1. Dans le onzième numéro de l'*Atlantide*, revue fondée cette année-là par Verdaguer, on peut lire les détails de cette fête qui fit sensation à Barcelone.

Cinto! Il connaissait mal cette catégorie d'hommes, & combien, en pareil cas, le moindre recul prend aux yeux de certains orgueilleux l'apparence d'une déroute!

VIII.

Nous avons étudié sommairement le poète épique, le poète lyrique, le poète mystique, il est grand temps de s'occuper du prosateur. Celui-ci ne le cède en rien au poète; son écriture toujours artiste ne tombe jamais dans la vulgarité & ne trahit point la pensée; le gouvernement de la phrase est aussi heureux que dans la période poétique; les images ne cessent pas d'être justes, l'impression est supérieurement rendue, l'expression a une clarté, une sincérité qui charme, l'auteur disparaît derrière l'homme, & ce n'est pas pour déplaire. A ces qualités maîtresses se joignent beaucoup de simplicité sous une forme élégante, une vision nette & précise des choses décrites. Point de cliquetis de mots sonores & inutiles qui étouffent l'idée au lieu de l'éclairer. Comme Alfred de Vigny, Verdaguer a l'horreur de la banalité, mais il ne tombe jamais dans la préciosité.

Voici que s'ouvre devant lui le mystérieux Orient où vibrent tant de noms retentissants, tant de souvenirs sacrés. Il compare, il réfléchit, il évoque le passé, il en coordonne les faits, il prend note de tout ce qui frappe son esprit ou charme ses regards. Il ne cherche ni les demi-teintes, ni les clairs-obscurs pour peindre ce que voient ses yeux, ce qui impressionne son âme; sa palette se pare des plus riches couleurs, sa plume vole, emprunte au ciel les gemmes les plus éblouissantes sans que son style cesse d'être concis, ennemi de l'affectation & de l'emphase. Qu'il décrive un paysage, un édifice, une pyramide, Bethléem, Nazareth ou Jérusalem; qu'il exprime les sentiments inspirés par la vue du Saint-Sépulcre, par une relique, une ruine, un culte, sa pensée est toujours exactement rendue, la langue catalane sous cette impulsion semble acquérir une souplesse nouvelle & exhaler des fumées d'encens.

C'est que, sans parler de son immense talent, de son érudition profonde, notre auteur est réellement un pèlerin à la foi robuste, un croyant aussi ardent que les chrétiens des premiers âges.

Son *Dietari d'un Pelegri à Terra Santa* fait songer au *Voyage en Orient* de Lamartine par les contrastes dont il fourmille. En effet, si, à l'exemple de Chateaubriand, Verdaguer fait les mêmes étapes en pèlerin solitaire, Lamartine traverse la Judée, la Galilée en prince des *Mille & une nuits*, en artiste qui ne sait se déprendre de lui-même & dont les descriptions assurément sincères manquent de vérité. Il a vu les lieux qu'il parcourt sous le prisme trompeur d'une imagination personnelle qui, sans s'en apercevoir, déforme tout ce qu'elle contemple. Aussi l'Orient n'a souvent rien à voir dans la plupart des épanchements de Lamartine. Il parle de tout, de l'histoire, de la religion, de la politique, de la philosophie, au hasard de ses réflexions ou de ses rêveries, sans regarder objectivement les êtres & les choses. De ces notes confuses, éparses, il forme précipitamment son livre[1] qu'il lit *comme s'il était d'un autre,* écrit-il à son ami Virieu (8 août 1835), *n'en ayant rien revu & pas corrigé les épreuves. Cela me touche & me ravit quelquefois,* ajoute-t-il, *& quelquefois m'ennuie.* On ne saurait se mieux juger, déclare M. Petit de Julleville.

Il est facile de reconnaître que si les deux poètes parcourent les mêmes chemins, c'est à une bien grande distance l'un de l'autre. Ils ne pouvaient, du reste, ni sentir ni voir de la même manière. Lamartine devait produire, en les teintant de panthéisme, des pages brillantes où il se fait connaître lui-même beaucoup mieux qu'il ne fait connaître l'Orient; Verdaguer, des pages touchantes propres à élever les âmes sur les hauteurs primitives du christianisme. Celui-ci, avec ses dispositions au mysticisme, allait s'y abandonner complètement ; celui-là, que poursuivait l'image d'Esther Stanhope, dépouillant le poète,

---

1. Les éditeurs, pressés de publier le *Voyage en Orient,* lui offrirent, sans vouloir attendre qu'il eût mis ses notes au point, 80,000 francs. Nommé en son absence député de Bergues, il voulait prendre de suite rang à la Chambre & accepta la proposition des éditeurs.

allait se jeter à corps perdu dans la politique, « ne voulant plus être qu'un tribun, un conducteur d'hommes », non « sans avoir donné dans *Jocelyn* & la *Chute d'un ange* à la fois son testament poétique & son décalogue politique & religieux[1] ».

A quoi bon opposer un grand poète à un autre grand poète? Si les génies sont différents, les gloires sont égales. Avec des dons divers, ils ont su *faire couler nos pleurs & fondre notre âme dans une immense pitié de l'éternelle misère humaine.* Ils se sont élevés d'un coup d'aile aux plus hautes cîmes & de là ont fait entendre les vibrations les plus puissantes & les plus larges de la lyre qu'ils avaient en main.

IX.

M. Xavier de Ricard, dans l'article du *Temps* qu'il consacre à Verdaguer, place l'auteur de l'*Atlantide* parmi ceux qu'il appelle « les poètes *casaniers* qui se sont donné la mission ou à qui la vocation a été imposée d'être l'expression d'une terre & d'un peuple... Quelques années de navigation le lassèrent de la mer, ajoute-t-il. Il revint en sa chère Catalogne d'où il ne sortit guère plus sinon pour quelques excursions dans le Midi français ». Ce qu'avance là M. Xavier de Ricard est une grave erreur qu'il est facile de détruire. Que Verdaguer soit la vivante expression de sa terre natale dont il a l'orgueil & l'amour, soit! Mais il a voyagé, il a excursionné comme bien peu savent & peuvent le faire. C'est, du reste, le plus grand bénéfice qu'il a retiré de sa situation chez le marquis de Comillas. Si M. Xavier de Ricard avait consulté les mémoires de l'*Association catalaniste* concernant les excursions scientifiques dirigées par M. Jaume Collell, il y aurait lu les travaux du poète, ses rapports lumineux, ses impressions grandioses ou attendries, les descriptions aux couleurs richissimes des contrées visitées, & ne se serait sans doute pas prononcé de la sorte. Jacinto Verdaguer ne se déplaçait pas pour l'unique plaisir

---

1. M. Petit de Julleville, professeur à l'Université de Paris. *Histoire de la langue & de la littérature françaises.*

d'aller ailleurs, partout il semblait suivre une veine & en exploiter les trésors.

« Aucun excursionniste, dit M. Rossendo Serra, dans le *Cu-Cut* du 19 juin 1902, n'a fait autant de voyages & d'excursions que Mossen Jacinto Verdaguer. » Les cataloguer *ne servirait à rien*, parce que la vie du poète *est une excursion continuelle* dont il *décrit les particularités d'une manière sculpturale, intraduisible*, & qui pourrait servir de guide au lecteur. Ignorer son voyage en Terre sainte, son voyage à travers l'Europe, c'est donc l'ignorer lui-même.

Pour se rendre en Orient, il va de Barcelone aux bouches du Nil, à Port-Saïd, à Jaffa, à Lydda, à Jérusalem ; il côtoie le Jourdain, se rend à Bethléem, à Hébron, retourne à Jérusalem pendant la semaine sainte, visite Emmaüs, le temple de l'*Ecce Homo*, la montagne de l'Ascension, court à Nazareth, gravit le Thabor, s'arrête à Tibériade, à Cana en Galilée, au Carmel, à Damas, se dirige vers l'Egypte, le Caire, Héliopolis, salue la pyramide de Chéops, & n'oublie sur cette longue route ni un monument, ni un souvenir, ni rien de ce que peuvent révéler à un érudit doublé d'un poète tant de choses mortes. Il n'erre jamais en touriste nomade, en spectateur de panoramas ; il regarde, il examine tout avec un intérêt toujours croissant. Ses tableaux ont une intensité de vie extraordinaire ; ce qu'il conçoit, il l'exécute avec une incomparable maîtrise, ce qu'il évoque acquiert un relief saisissant, ce qu'il chante est aussi varié, aussi doux & pur qu'une roulade de rossignol. Pour obtenir ces résultats, « il s'aide d'un vocabulaire qui fera de lui le classique par excellence[1] ».

Les *excursions & voyages* entrepris avec lui par la Société catalaniste comprennent : 1° *L'excursió al alt Pallars*, publiée en 1884 aux frais de la Société[2] ; 2° *Recort de la costa d'Africa*, de Barcelone à Cadix, Tanger, Alger, Blidah, Philippeville & Constantine, où l'on admire le talent plein de souplesse de

1. Rossendo Serra.

2. Volume VIII des Mémoires de l'*Association catalaniste d'excursions scientifiques*. Le volume fut plus tard publié par les soins de la Société en même temps que paraissaient *Dietari d'un pelegri á Terra Santa* & une charmante traduction de *Nerto*, de Mistral, 1888.

Verdaguer, sa mise au point toujours exacte ; 3º *A vol d'aucell*, où, dans des notes pleines d'érudition, d'une écriture magistrale, on suit le voyageur à Lyon, Genève, Mayence, le long du Rhin, Cologne, Berlin, Saint-Pétersbourg, dans une partie de la Russie, en Belgique, à Paris où notre poète a la joie de rencontrer Mistral & de visiter Notre-Dame du Sacré-Cœur, cette manifestation colossale d'un vœu populaire ; 4º *La ermita del Mont* qui traite de *sous y Nostra Senyora del Mont, Rocapastore* où le poète décrit une effroyable tempête avec la palette qui lui a servi pour l'*Atlantide*.

Dans ces voyages, dans ces excursions, Verdaguer reste l'*énamouré* de la Catalogne ; elle lui est sans cesse présente, témoin cette superbe exclamation que lui inspire la vue des Alpes :

« Catalogne estimée, ta belle image me poursuit partout, les montagnes les plus hautes de l'Europe me font penser aux tiennes, & les plus grandioses beautés de la création me font songer à tes beautés inestimables ! O Montserrat, Montjuich. Montsény, Canigou, je vous vois passer devant mes yeux qui pleurent d'attendrissement, & votre souvenir me distrait de la lumineuse vue de la Jungfrau vêtue de glace & du Mont-Blanc, qui, couronné de neiges éternelles regarde par-dessus toutes les montagnes voisines comme un pasteur veillant sur son grand troupeau. »

X.

En octobre 1895, étant de passage à Barcelone, nous eûmes l'honneur de voir Jacinto Verdaguer dans le petit appartement qu'il occupait alors *Porta Ferrissa*. Depuis janvier 1893, nous étions sans nouvelles & personne pour nous renseigner. A aucune de nos lettres, point de réponse, plus d'envoi d'ouvrages nouveaux, rien. Qu'était devenu le poète ? Nous l'ignorions, & Mᵍʳ Tolra de Bordas, son traducteur & son ami, n'était plus de ce monde pour nous apprendre ce qui était arrivé, s'il avait pu le savoir lui-même, si sa correspondance n'avait pas été interceptée comme l'avait été probablement la nôtre, si les plaintes de l'exilé, dont au dehors on ne soupçonnait guère le

martyre, étaient parvenues à franchir la frontière. Donc, nous
ne savions rien. La raison de ce silence nous fut donnée par
un homonyme du poète, M. Verdaguer, libraire, qui nous mit
au courant de ce qui s'était passé, de ce qui se passait encore
& de la réaction qui se produisait dans toutes les classes de la
société, d'un bout à l'autre de l'Espagne, en faveur de celui
que l'on avait déclaré fou. Nous eûmes ainsi, avec son adresse,
la petite brochure que le poète venait de publier pour sa
défense.

Pauvre grand martyr! combien il nous parut touchant avec
son regard désenchanté, ses traits émaciés, sa face d'homme de
douleur, le récit discret de ses peines comme si en les effleu-
rant devant nous il eût craint de manquer de charité envers
ses bourreaux! Nous ne devions plus le revoir; mais, presque
jusqu'à la fin, il nous a tenu au courant de ses travaux & de
ses espérances plus ou moins lentes à se produire. Jusqu'à la fin
aussi, il a porté au plus haut degré l'amour de la patrie,
l'amour de la divinité & cet amour de l'humanité qui a déchaîné contre lui tant de colères. Le malheureux abbé, en
essayant de ressusciter en ce siècle égoïste, jouisseur & frondeur,
la pitié souveraine tombée sur le monde du haut du Golgotha,
devait infailliblement succomber sous l'effort.

En 1898, la licence *in divinis* lui était enfin rendue, & il
nous annonçait qu'il avait célébré — Dieu sait avec quelle
joie! — sa première messe le 13 février dans l'église de *Belen*
où il était désormais attaché. La même année, il publiait
Santa Eulalia, poème tout frissonnant de poésie, de vérité &
de vie, & où il se montre le merveilleux artiste qu'il a toujours été.

Tandis que l'an passé, à la nouvelle prématurée de sa mort,
Verdaguer assistait, étonné, à son apothéose, il allait de Ber-
gua à Lérida, prononçant des discours, présidant divers concours littéraires. Il faisait paraître cette même année, à Barcelone, les *Ayres del Montseny*[1], délicieux recueil d'odes,
d'hymnes, de prières, d'invocations, de souvenirs, de légendes.

---

1. Les *Ayres del Montseny* nous ont été envoyés par le poète, le
5 janvier 1902. Ce devait être son dernier souvenir.

Dans ces pièces patriotiques & religieuses, la plupart *montsé-nyenques*, le Montseny, *la montagne reine des montagnes de la Catalogne*, fait tout chanter aux oreilles du poète comme des *oiseaux de poésie.* C'est qu'il revit à l'ombre de ce mont sa belle jeunesse fleurie d'espérance & de paix. Cet horizon familier, ce ciel, cette nature, ces paysages aux teintes magiques, la maison où il est né, où il a vu mourir sa mère, le village de Folgarolas, blotti au milieu des cultures comme un passereau dans son nid; Vich qu'estompe le lointain, témoin de ses travaux, de sa lutte pour la vie, confident de ses aspirations, de ses rêves, Vich où avant de souffrir sa passion s'est alimentée la flamme de l'ardent foyer qui brûlait dans son cœur, tout, jusqu'à la croix qui se dresse sur cette cime, devait exalter sa pensée & lui inspirer d'étonnantes & superbes mélodies où l'harmonie des sons & des mots ne laisse jamais l'idée obscure ou vague.

Les *Ayres del Montseny* ont été illustrés par MM. S. Gomez, LL. Granez, M. Urgell, J. Triadó, A. Soli, F. Sarda, J. Primo, S. Junient, J. Vilallonga & J. Brull. Deux portraits du poète figurent au frontispice de l'ouvrage : Verdaguer à vingt-trois ans, coiffé de la barretine, l'œil sondant les profondeurs d'un avenir qui déjà s'annonçait glorieux; Verdaguer à cinquante-six ans, les traits sillonnés par de récentes & cruelles souffrances, plus vieilli, plus transformé encore qu'en 1895, époque à laquelle, nous l'avons dit, nous eûmes l'honneur de le voir.

Malgré les ennuis dont on l'abreuve, la misère qui l'étreint, les préoccupations de tout genre qui ne lui laissent pas un moment de trêve, il ne se condamne pas au silence. Pour se distraire de ses chagrins, il chante, mais avec quels accents! Il nous touche & nous intéresse, il nous émeut parce que lui-même est sincèrement ému, Il satisfait notre esprit & notre âme, soit qu'il s'abandonne à la puissance de son vol, soit qu'il rase le sol & pleure sur ses misères. Aujourd'hui comme hier, tout est pour lui sujet d'inspiration. Un tremblement de terre accumule-t-il en Andalousie désastres & victimes, pour réparer les uns & secourir les autres, il écrit sous la dictée de l'émotion & de la pitié des pages si ravissantes que M. J. Ala-

dern les compare au chant du rossignol en mai. *Caritat*, tel
est le titre suggestif de ce recueil. Plus près de nous, le Bazar
de la Charité brûle, aussitôt les strophes succèdent aux strophes
dans l'élégie : *Aux victimes du Bazar de la Charité*, dédiée à
ses *charitables amis de France* [1] (13 mai 1899). La chapelle de
Jésus-Enfant est-elle édifiée dans l'église Saint-Joseph de Perpi-
gnan [2], Verdaguer accourt en France pour en présider l'inau-
guration, &, le lendemain, il fait distribuer une adorable
exhortation que Jésus-Enfant adresse aux enfants de Perpi-
gnan :

> Je suis venu de Palestine pour vous voir,
>   O enfants du Roussillon !
> Venez entendre la céleste doctrine
> De celui qui a été le maître de Salomon.
> Vous êtes, vous, les fleurs les plus belles
>   Que j'aie en mon jardin,
> Mes lys odoriférants & mes roses,
>   Moi je suis votre jardinier...
>
> . . . .
>
> . . . .

Il faudrait tout citer pour en goûter le charme.

Sans parler de la ballade *Amour de mère*, que M. Richepin
a traduite en versiculets dans *la Glu*, voici la *Barretina, chanson du dernier* BARRETINAYRE *de France*, qui, en 1880, obtint
une églantine aux Jeux Floraux de Barcelone, le jour même
de la nomination du poète comme maître ès jeux. Voici encore
Defaillement (poésie inédite) ; le *poème de sainte Eulalie* (1898) ;
l'Adoration des pasteurs ; la chanson de l'étoile de Bethléem &
une foule d'autres pièces isolées qui sont de véritables petits
chefs-d'œuvre. Malheureusement, Verdaguer allait faire entendre le chant du cygne dans *Flors de Maria*.

---

1. Les *Fleurs du Calvaire*, traduites *con amore* par M. Justin Pépratx,
ont été vendues en France au profit de Verdaguer pour venir en aide
à sa détresse.

2. Le prix de vente de la trilogie de *Jésus-Enfant*, traduite par
M. Justin Pépratx, a servi à couvrir les frais de l'édification de cette
chapelle.

XI.

Vers le milieu du mois de mars, affaibli par les austérités, le jeûne rigoureux du carême, le poète prit une mauvaise grippe, &, malgré le froid, malgré la fièvre, malgré de violents maux de tête, il ne consentit pas à abandonner l'exercice de son saint ministère & continua à sortir pour aller célébrer la messe en l'église de Belen. Il ne s'alita que lorsqu'il fut à bout de forces. Le Dr Turró, après examen bactériologique, déclara chez le malade l'existence simultanée des microbes de la pneumonie & de la tuberculose. Les Drs Roure & Noguera qui le soignaient, effrayés de la fièvre intense qui le dévorait, appelèrent en consultation le Dr Robert, puis le Dr Esquerlo, qui constatèrent le caractère suraigu de la maladie & furent, quant à la tuberculose, de l'avis du Dr Turró. Le 2 avril, les symptômes devinrent de plus en plus alarmants. A part la gastrite grippale, la congestion du poumon droit, il se produisit, le 7, des accidents cardiaques qui mirent en grand danger la vie du patient. Les consultations se succédaient tous les jours, & la science unie au dévouement luttait énergiquement contre le terrible mal. Des étudiants en médecine s'étaient constitués les garde-malades de l'agonisant. Un léger mieux se produisit; Verdaguer commença à supporter une alimentation solide & put quitter quelques instants le lit. Les Drs Rodriguez Mendez & Mas de Xaxas, de concert avec leurs collègues, furent d'avis de ne pas laisser languir le poète dans la chambre — la plus humble de la maison — qu'il occupait rue de Provence, & de l'envoyer dans un sanatorium où il trouverait des conditions hygiéniques exceptionnelles & réconfortantes. Le conseil municipal de Barcelone s'empressa de voter 3,000 pesetas pour couvrir ces dépenses, mais le malade déclara qu'il ne voulait point quitter la Catalogne & qu'il serait de lui ce que Dieu voudrait. Heureusement, un homme de bien, D. Ramon Miralles, eut la charitable inspiration de lui faire offrir la villa Juana, magnifique résidence qu'il possède sur la cime du Tibidabo, aux versants couverts de pins & d'où l'on voit se dérouler jusqu'à la mer l'immensité de la capitale catalane. Montserrat, que le poète avait si souvent chanté, se dresse en face comme pour bénir les vallées. Le 15 mai, le malade était princièrement logé dans ce sanatorium d'un nouveau genre. Autour de lui, des visages accueillants, la grisante odeur de la merveilleuse flore printanière ; sur sa tête, le bleu de turquoise du ciel ; sortant des fourrés, mille gazouillements d'oiseaux ; à deux pas de son appartement, une ravissante chapelle qui n'attendait qu'un officiant. D'une large *galerie de cristal*, on découvrait une vue splendide sur des paysages en habit de fête. Le pauvre poète souriait à tout & à tous. Il lui semblait que du sein de cette nature bienfaisante, portées par l'air pur & vivifiant, d'invisibles voix modulaient des mots d'avenir, d'espérance. Il se sentait renaître. Mais, hélas! la phtisie qui le guettait peut-être depuis ses douloureuses épreuves si elle n'en était pas la conséquence, ne voulait pas lâcher sa proie, & la science était impuissante à en conjurer les effets. Le 26 mai, les deux poumons du patient étaient tellement atteints que l'on crut aux râles de l'agonie. Ce n'était qu'une fausse alerte. Le 1er juin, après une consultation présidée par le Dr Torrents de Sarria, il était reconnu qu'il n'y avait plus rien à tenter, que l'issue fatale était proche.

La ville entière de Barcelone était plongée dans la plus grande anxiété. Chaque matin, on s'arrachait les journaux pour connaître les bulletins de santé donnés régulièrement; on courait aux portes de la mairie où ces bulletins étaient affichés afin de savoir s'ils ne portaient aucune communication nouvelle. Le mal s'accentuait, c'est tout ce que l'on pouvait constater.

Le mourant, dans les rares moments de calme, se complaisait, non plus à respirer les *Fleurs du Calvaire*, mais à corriger de mémoire les vers des *Fleurs de Marie* qu'il se plaignait d'avoir écrits trop vite. Il aimait aussi à évoquer devant son entourage les rêves, les souvenirs de sa jeunesse, à rappeler la terrible émotion qu'il avait éprouvée en constatant la perte du manuscrit de *l'Atlantide* & sa joie en le retrouvant. Si des pièces voisines il percevait les chuchotements de quelques-uns de ceux qu'il croyait être encore ses ennemis ou qui passaient pour tels :

— Pourquoi sont-ils ici? demandait-il doucement. Ne leur ai-je pas pardonné?

Pourquoi ils étaient là? Moins par remords que pour arracher aux mains défaillantes de leur victime la signature d'un testament que Verdaguer, par un suprême effort de volonté, devait se hâter d'annuler en déclarant devant notaire, en présence de M. Amat, maire de Barcelone, & de témoins autorisés, qu'il faisait héritiers ceux auprès desquels il avait trouvé une seconde famille, savoir : M. Amadée Gury, Mme Gury née Duran & Mlle Mercédès Duran, sœur de cette dernière. Les exécuteurs testamentaires étaient : M. Jose Costa, prêtre; le Dr Ramon Turró; M. Juan Maures, avocat & conseiller, & M. Juan Bastert, armateur. Désormais tranquille de ce côté, prêt pour le grand voyage, l'extrême-onction reçue, il attendit, toujours résigné, de la pitié de Dieu, la fin de ses souffrances.

Le 10 juin, à six heures & demie du soir, tout était consommé : le poète était mort. « Depuis plus de trente heures, remarque M. P. del O, dans la *Esquella de la Torratxa*, les nuages laissaient tomber sur la terre, en plein printemps, une pluie d'hiver menue & suivie, pluie de larmes. Quand l'auteur de *l'Atlantide* rendit le dernier soupir, l'arc de saint Martin avec ses couleurs irisées s'étendit dans le firmament. Le rossignol chantait. »

Une demi-heure ne s'était pas écoulée que la triste nouvelle volait de bouche en bouche à Barcelone, jetait la consternation dans l'âme de ceux qui s'obstinaient à espérer contre toute espérance, courait d'un bout à l'autre de l'Espagne, en France, partout. Ce fut, le lendemain, l'événement du jour. On regrettait, avec le champion de la cause catalane, l'homme de génie à qui il n'avait rien manqué ici-bas, pas même la persécution. Le poète Edouard Coca Vallmajor, devant ce tombeau prématurément ouvert, s'écriait :

> Quan el panteix agonich a sos pulmons s'aferra,
> a l'hora en que la fosca extén son negre vel,
> mentres el sol s'enfonza en la vehina serra,
> li van cavant la fossa els homes de la terra
> y entonan cants de joya els angelets del cel.

Et sol ponent, expléndit per entre nuvoladas
un bes d'amor li dona, volguent sen despedir,
li envia la ginesta flayrosas alenadas
y el rosinyol entona sas dolsas refiladas
creyent que ab sas canturias l'ajuda a bé morir.....

. . . .

M. Manet Folch Torres soupirait à son tour, dans la pièce,
La mort du poète :

> Tot plora a Catalunya
> *tot plora d'ahi ensa,*
> perque'l seu gran poeta
> acaba de finar.
> El gran poeta, oh patria,
> Que més gloria't doná.
> *A aquell que ahi't cantava*
> *¿ qui avuy n'ol plorard?.....*
>
> ¡Oh patria catalana
> *bé tens de que plorar,*
> *al qui millô't cantava*
> *venint de soterrar!*
> Com tot el mon el plora
> el Cel sols pot cantar,
> hi cantan sants y ángels
> *y ab ells el nou germá,*
> *aucell d'alas obertas*
> *que cap al Cel s'en va.....*

Dans la pièce intitulée *Una lagrima*, M. Ricart Forga Clará
pleure avec la Catalogne *le roi de la poésie*. Celui-ci fait
ses adieux au *rossignol de la plaine de Vich* & le supplie de se
souvenir *dans ses chants au ciel, de la terre catalane*. Cet
autre le compare à Jésus né comme lui dans la pauvreté, passant comme lui de Bethléem au Golgotha, souffrant & mourant lui aussi pour l'amour de l'humanité & de la justice.

Tandis que s'accordaient toutes les lyres de la Catalogne,
revêtu comme Colomb du sévère habit de saint François, le
poète reposait sur son lit de mort, entre quatre cierges, avec,
sur la poitrine, une croix blanche assez semblable à celle que
l'on suspend dans le berceau des nouveau-nés.

> *Il était parti seul*, comme ceux qu'on oublie,
> *Etonné* de mourir sans un embrassement[1],

& Barcelone, en un tardif réveil, se préparait, à l'exemple
de Paris pour Victor Hugo, à faire au poète de royales funé-
railles. Le corps du défunt, embaumé, était transporté dans
la capitale au *salon des cent*, témoin des nombreux succès du
pauvre abbé, & transformé en chapelle ardente pour la circons-
tance. La municipalité décidait, en outre, d'exposer au Salon
des beaux-Arts tous les objets ayant appartenu à Verdaguer,
voire même les rubans des couronnes mortuaires, les télégrammes, les lettres de condoléance envoyés à l'occasion de
sa mort.

Une foule attendrie vint bientôt à pas muets rendre un touchant hommage à celui qui avait souffert pour le bien de tous,
qui avait supporté sans se plaindre les plus cruelles misères du
monde. Grands & petits, riverains & montagnards, catalans &
castillans, villes & villages, c'est à qui se dirigerait vers Barcelone pour saluer & honorer une dernière fois l'humble & illustre prêtre, celui dont on allait dire dans son éloge funèbre :
Verdaguer était l'homme *le plus catalan de la Catalogne*.
Comme les lettrés, les admirateurs, les amis du poète, le Roi,
la Reine, le gouvernement se faisaient représenter aux obsè-
ques de celui qui si longtemps avait été mis à l'index à la
façon d'un livre que l'on réprouve. On évalue à plus de deux
cent mille le nombre de personnes accourues de toutes les
parties de l'Espagne & même de l'étranger pour assister à cette
cérémonie.

Au nom de la municipalité, de la famille & du clergé de la
paroisse de Belen, le journal *el Liberal* invitait les cités de
Barcelone & hors de Barcelone, tous ceux qui avaient admiré
& apprécié le poète, qui *vénéraient l'immortalité de sa gloire*,
de venir lui dire un dernier adieu au *salon des cent* & accom-
pagner son corps en l'église de Belen & au cimetière du Sud-
Ouest pour assister à sa sépulture.

Le vendredi, 13 juin, à trois heures de l'après-midi,

---

1. M. Paul Bourget, de l'Académie française.

s'ébranlait l'imposant cortège. En tête marchaient le Maire, le Ministre de l'Instruction publique, la municipalité, les autorités civiles & militaires, le capitaine général, le cardinal Cabañas, un nombre imposant de membres du clergé, la famille, les commissions des centres artistiques & littéraires, les corporations de tout genre & de tout pays, les représentants catalanistes, fédérés, régionalistes ; aux premiers rangs de la presse espagnole, étrangère & locale, la rédaction de *l'Atlantida*[1], de *la Juventut*[2], de *la Creu del Montseny*[3], de *lo Pensament catalá*[4] étaient surtout remarqués, parce que ces revues, on ne l'ignorait pas, étaient inspirées & dirigées par Jacinto Verdaguer. Venaient aussi le corps des pompiers & les chars porteurs d'innombrables & riches couronnes. Suivaient ceux que le poète avait consolés, secourus, conseillés, & Dieu sait qui encore ! Le doux disciple de saint Jean de la Croix, du patriarche d'Assise, de sainte Thérèse, s'en allait, comme en triomphe, sous les lauriers & sous les fleurs, à travers le formidable rempart des foules, les ramblas ombreuses, les places, les rues, les maisons endeuillées, pavoisées de flottantes bannières catalanes cravatées de noir. Devant le cercueil, les fronts se découvraient, s'inclinaient avec émotion ; des paroles de bénédiction montaient des cœurs aux lèvres ; quelques âmes pieuses murmuraient avec une familiarité dévote : « Bon mossen Cinto, priez pour nous. » Le cortège se disloqua Plaza de la Paz. A sept heures du soir, le poète reposait enfin sous un monceau colossal de couronnes. Ceux qui l'avaient suivi jusqu'au nouveau cimetière se dispersèrent, &, après tout ce bruit, toute cette pompe, la voix seule du rossignol allait bercer dans la nuit son éternel sommeil.

Dans l'église de Folgarolas un office était, ce même jour, célébré pour le repos de l'âme de l'illustre défunt. De tous côtés, particuliers, journaux & revues avaient envoyé des télégrammes, des lettres de condoléance à l'obscure famille du

1. *L'Atlantida*, fondée en 1896, revue littéraire, périodique catalaniste.
2. *La Juventut*, fondée en 1899, revue littéraire, scientifique & artistique.
3. *La Creu del Montseny*, 1899, revue catholique, régionaliste.
4. *Lo Pensament catalá*, 1900, revue scientifique & littéraire.

poète & les plus chauds remerciements à don Ramon Miralles
pour la généreuse sollicitude & les soins dévoués prodigués au
mourant.

XII.

M. Ernest Legouvé, dans ses *Etudes & Portraits*, se demande
si Lamartine & Victor Hugo peuvent être considérés dès
aujourd'hui comme classiques & si *le terrible tribunal de cas-
sation* qu'est la postérité n'annulera pas notre hâtif jugement.
Il dit : « Un classique peut se définir : un écrivain qui est
passé, de l'état d'illustre, à celui d'immortel. De son temps,
c'était une étoile brillante; après sa mort, c'est une étoile
fixe. On ne peut pas être classique de son vivant, on le
devient; car il y faut la consécration du temps, la durée. » Il
cherche néanmoins les qualités fondamentales que ce titre
exige, il essaie de les découvrir dans Victor Hugo & dans Lamartine, & il y parvient.

Verdaguer semble posséder ces qualités maîtresses, bien qu'à
lui comme à nos deux poètes « la première condition lui man-
que; *il est* un mort trop jeune. » Est-ce une raison pour le déclarer hors de cause? Non, car il a lui aussi des chances d'immortalité. Il est à la fois ce que tous nos maîtres du dix-sep-
tième siècle ont été : *créateur, conservateur* & *innovateur;* il a
le respect du *génie national*, de *la langue nationale* qu'il
fixe; il ne renie ni ne renverse le passé, il *le continue en
l'agrandissant, en le fécondant*, il est également homme de
tradition & homme de *progrès*... Quelques-uns disent qu'il
s'est inspiré des classiques de l'antiquité. N'est-ce pas la moelle
dont se sont nourris les plus grands, & la note personnelle lui
a-t-elle jamais fait défaut? « On sent en le lisant toute la force
de la science, & l'on se met à penser que, sans elle, le génie
s'égare & les dons de nature se stérilisent[1]. »

Lamartine, dans Jocelyn, dote la France de *l'épopée fami-
lière;* Verdaguer, dans l'*Atlantide*, dote l'Espagne de *l'épopée
nationale* qui lui manquait. Victor Hugo, « dans le domaine

1. J.-J.-Benjamin Constant.

littéraire des poètes de la Renaissance, » d'*une principauté* fait *un empire*. Il crée *le lyrisme dramatique* & chez lui *le dramaturge va de pair avec le poète* [1].

Verdaguer a comme Victor Hugo de merveilleuses audaces, des envolées sublimes, un incomparable lyrisme servi par un talent architectural qui lui permet de gouverner la période poétique d'une main toujours sûre, toujours magistrale, lui fait trouver des expressions de génie quel que soit le genre qu'il aborde. Pas plus que son devancier, il ne dédaigne la note moderne & la frappe au bon coin. Chez lui aussi, pas un de ses travaux qui ne porte sa *marque de fabrique*. On peut essayer de l'imiter, on ne saurait le dépasser. L'Espagne, dès qu'elle l'a entendu, a pu dire de lui ce que M. de Talleyrand disait de Lamartine : « Un poète nous est né. » Ce mot devance le jugement de la postérité & nous met à même de lui faire grâce, comme le fait M. Legouvé pour Lamartine & Victor Hugo, du temps qui le sépare de la canonisation littéraire, car son œuvre, semble-t-il, plaide suffisamment en faveur de ses chances d'immortalité.

1. M. E. Legouvé, *Études & portraits*.

Toulouse, Imp. DOULADOURE-PRIVAT, rue St-Rome, 39. —1132

267

www.ingramcontent.com/pod-product-compliance
Ingram Content Group UK Ltd.
Pitfield, Milton Keynes, MK11 3LW, UK
UKHW020032100726
13658UKWH00003B/1275